Freidrich Wilhem Thon, Freidrich Wilhem Thon

**Das Verhältnis des Hans Sachs zu der antiken und humanistischen Komödie**

Freidrich Wilhem Thon, Freidrich Wilhem  Thon

**Das Verhältnis des Hans Sachs zu der antiken und humanistischen Komödie**

ISBN/EAN: 9783743488212

Hergestellt in Europa, USA, Kanada, Australien, Japan

Cover: Foto ©Thomas Meinert / pixelio.de

Manufactured and distributed by brebook publishing software
(www.brebook.com)

Freidrich Wilhem Thon, Freidrich Wilhem Thon

## Das Verhältnis des Hans Sachs zu der antiken und humanistischen Komödie

# Das Verhältnis

des

# Hans Sachs zu der antiken und humanistischen Komödie.

## Inaugural-Dissertation

zur

### Erlangung der philosophischen Doctorwürde

verfasst und

der hohen philosophischen Facultät

der

**Vereinigten Friedrichs-Universität Halle-Wittenberg**

vorgelegt von

## Friedrich Wilhelm Thon

aus Döbernitz.

### Halle a. S.

Buchdruckerei Carl Colbatzky.

1889.

# Inhalt.

# I.

## Aristophanes, der Aristophaniker Lucian und die allegorische Komödie der Humanisten.

### 1.

### Die Zeit der Reformation ein „Aristophanisches" Zeitalter.

Gervinus bezeichnet an mehr als einer Stelle seiner Geschichte der deutschen Dichtung die Zeit des sinkenden 15. und des 16. Jahrhunderts als das Aristophanische Zeitalter unsrer Litteratur.[1]) nicht mit Unrecht, wie uns dünkt. Nicht als ob in dieser Periode Aristophanes im Vergleich zu anderen klassischen Schriftstellern besonders viel gelesen worden wäre. In deutsch geschriebenen Werken findet er sich so gut wie gar nicht citiert. Seine erste Erwähnung in deutscher Zunge bei Wyle in dessen erster Translation, Enea Silvios Euryalus und Lucretia[2]), beruht nur auf Platos Phädon, aus dem seine Seelentheorie angeführt wird: „Aristophanus maint unter sin fründen so sint einer sele worden zwen libe" (1462). So ist er auch keineswegs in bevorzugter Weise als leuchtendes Vorbild betrachtet und nachgeahmt worden. Diese Rolle spielte von den antiken Dramatikern vielmehr Terenz. Höchstens könnte man sagen, dass Aristophanes mittelbar durch seinen Schüler Lucian, in dem sein Geist lebte, gewirkt habe. Denn Lucian allerdings übte, wie Rich. Förster[3]) kürzlich in einem besonderen Aufsatz gezeigt hat und wie wir es auch bei Hans Sachs bestätigt finden werden, einen ganz direkten und fast noch bedeutsameren Einfluss auf die Schriftsteller, die mitten im Leben standen, aus, als Terenz auf die Schuldramatiker. Allein Gervinus's Bemerkung will weniger litterarische Zusammenhänge constatieren, als vielmehr einen Gesichtspunkt für die allgemeinvergleichende Litteraturgeschichte liefern, und es lohnt sich wohl, den Genius des 15. und 16. Jahrhunderts

---

[1]) II, 592, 599. III, 145, 216.
[2]) Ed. Keller, Stuttg litt. Ver. Nr. 57. p. 20.
[3]) Rich. Förster in Schnorrs Archiv 1886, p. 337 ff. 356.

einmal durch diese verständnissvoll gewählte Brille zu betrachten. In der That ist die glatte Art des Terenz der Periode eines grotesken grobianischen Geschmacks doch mehr aufgezwungen, als von Natur innewohnend. Dreierlei Dinge dagegen, die als der Aristophanischen Komödie charakteristisch anzusehen sind, der politischpolemische, satirischtendenziöse Charakter des Inhalts, die Allegorik in Form und Anlage, die besonders gern in dem Gewande des Kampfgesprächs, vor allem des processualen, auftritt, und die obscöne Derbheit des Ausdrucks, des Witzes und der Laune, sie sind auch dem Zeitalter der sich vorbereitenden, werdenden und wachsenden Reformation eigen.

Was erstens das Element der Polemik und Satire angeht, so ist wohl kaum eine Zeit so reich daran, wie die des H. S. Wollten wir ins allgemeine gehen, so würden wir hier auf Namen wie Murner, Brant und weiterhin auf Fischart, diesen dem Aristophanes nicht minder als dem Rabelais recht eigentlich congenialen Geist, stossen. Daneben wären besonders Reuchlin, Hutten, Erasmus, auch Naogeorg[1]) zu nennen, den famosen Lemnius mit seiner Monachopornomachia nicht zu vergessen. Nicht umsonst war der Verfasser der satirischen Komödie „Sergius.“ Reuchlin[2]), der beste Aristophaneskenner, nicht umsonst hatte Hutten, der kampfesmutige Dialogenschreiber, sein Griechisch, ausser am Lucian, am Aristophanes gelernt, und an dem Encomium Moriae des Erasmus hat der Geist des Atheners ebenfalls mindestens den gleichen Anteil wie der des Samosateners. Erasmus selbst deutet in der Vorrede des Encomiums an, dass er damit gleichsam die alte attische Komödie erneuere, und an mehr als einer Stelle dieser Satire citiert er den Komiker, wie denn überhaupt in seinen Werken Citate aus Aristophanes öfter sich wiederholen. Auch die Colloquien atmen zum Teil diesen Geist. So ist zum Beispiel das 38. colloquium familiare, das Gynaekosynedrion, t'samensprekinge der Froukens,[3]) — ein Gespräch, das zum Teil die Frauenemancipation predigt und 1537 unter dem Titel „der Weiber Reichstag“ mit reymen verteutscht in Nürnberg herauskam,[4]) — ein Nachklang der Aristophanischen Weibercomödien. Das Gleiche wie von Hutten und Erasmus gilt von Pirkheimer, besonders von seinem Eckius dedolatus,

---

[1]) Goedeke, Gr. II, 134, 10, 383 ff.
[2]) Geiger, Gesch. d. Renaiss. u. d. Humanismus p. 474. — Goed. Gr. I, 414, 4.   Ueber Lemnius cf. Goed. Gr. II, 95, 35. — Gottsched N. V. II, 192 ff.
[3]) Geiger, a. a. o. 536. — Goed. Gr. II, 121 N. 282. — Reclam, U.-B. 1907.
[4]) Goedeke, Gr. II, 880, 263, 264; cf. auch 270, 30, 1; 443, 9.

(1520), dem enteckten Eck, einer „Comoedia," einem satirischen
Spiel, das, abgesehen von seinen vielen Aristophanescitaten,
schon durch seine Ausstattung mit einem Chor mehr noch,
als auf Lucian, auf Aristophanes zurückweist.[1]) Unter den
Deutsch Dichtenden aber, die sich der dramatischen Form
bedienten, ist keiner so Aristophanischen Geistes voll wie
Nicolaus Manuel[2]) in seinen Fastnachtsspielen vom Pabst
und seiner Priesterschaft, vom Christ und Antichrist und am
sinnreichsten in dem Spiel von der sterbenden Messe.
Am nächsten kommen der Art des Manuel noch der
„Bauern Reichstag," der dreiaktige „Radtschlag des aller-
heiligsten Vaters Papsts Pauli des Dritten," der „Bileamsesel" und Gengenbachs „Combist."[3]) Es ist der starke,
kampfeszornige Geist der Ritter und Wespen, der hier und
in ähnlichen Stücken, wenn auch natürlich nicht mit der
Gewandtheit einer ausgebildeten beweglichen Sprache, derb
und drastisch, scharf und schneidig hervorbricht. Die
zersetzenden Bildungsstoffe, die das öffentliche und das private
Leben jener Tage durchdrangen, Fäulniss neben urgesund-
aufblühendem Leben, religiöse und sittliche Frivolität neben
derber Biederkeit, redlichem Ernst und moralischem Zorn.
Kritik- und Spottlust neben hartnäckigem Zurückgehen auf
feste Autoritäten, der überwogende, zum Theil übermütige
Freiheitsdrang in Weltleben, Kultur und Wissenschaft, die
Erregung und Gährung, die in dem von reichen Kultur-
elementen genährten Volkskörper entstand, als der grosse
Umwandlungsprocess sich zu vollziehen anschickte, das Alles
gab der damaligen litterarischen Bewegung in der That einen
Aristophanischen Charakter.

Auch H. S. hat in stofflicher Hinsicht diesem Aristophanischen Geiste des Zeitalters seinen Tribut dargebracht.
Doch macht der mildgesinnte und massvolle Mann seinem
Unwillen und seinem Spott, zu denen ihn die Zustände seines
Volkes herausfordern, im Gegensatz zu der Satire der
meisten Anderen nur selten in der scharfaristophanischen
Form persönlicher Polemik Luft. Seine Satire ist selbst wo
sie rein politische und öffentliche kirchlichreligiöse Fragen
behandelt, wenn auch immer anschaulich und treffend, doch
mehr allgemein moralisierend, wie die des alternden Aristophanes. Es ist mehr die ruhige und harmlosere Art des

---

[1]) Geiger a. a. O. p. 379. — Cholevius, Gesch. d. D. Litt. nach ihren
antiken Elementen I, p 272. — Böcking, Hutten IV, p. 315, 541.
[2]) Bächtold, Nic. Manuel. — Goedeke und Tittmann, Deutsche
Schauspiele des 16. Jahrh. I, p. 4 ff. — Goed. Gr. II, 338; 316 k.
[3]) cf. Gervinus II, 686 f, 688 ff, 691 ff. — Goedeke, Gr. II, 333,
9—12; 272, 54; 341 f. 3—7; 316, e, m, auch 335, 29; 147, 16.

Aristophanikers Lucian, mit der er seine Stoffe angreift und
verarbeitet, wie denn auch Lucian und der „neue Lucian"
Hutten ihm die Form für die meisten Stoffe dieser Art an
die Hand gaben, die Form des Gesprächs, im Besonderen
des Göttergesprächs. Man denke nur einerseits an die
Lucianischen Dialoge die Götterversammlung. Bis Accusatus
Jupiter confutatus und trogoedus, Timon, die Fugitivi, die
Dialogi Deorum et Mortuorum sowie Huttens Inspicientes
u. a. und andererseits an die poetischen Göttergespräche des
H. S., „wie der Zwietracht des römischen Reichs abzuhelfen"
(K. IV. 176), „warumb so vil übler regenten auff erden sind,"
(K. VII, 268), „warumb die menschen nimmer alt werden,"
das Gespräch über das Podagra,[1]) zu denen dann die Ge-
spräche des Herrgotts und St. Peters, wie das zwischen St.
Peter und dem Herrn von der ietzigen welt lauff[2]) (1553.
24. Mai) und das prosaische zwischen Pot und Herrgot vom
J. 1546[3]) das christlichvolkstümliche Pendant bilden, —
ganz abgesehen von den übrigen prosaischen „artlichen
Dialogi", den religiösen Disputen aus den Jahren 1524, 44
und 54.[4]) Zur eigentlichen Invective versteigt sich der
Verfasser der Wittenbergischen Nachtigall ausser etwa
in dem bekannten Osianderschen Pamphlet gegen den Papst[5])
fast nur gegenüber dem verhassten Markgrafen Albrecht
Alcibiades, dem er in einem Göttergespräch zwischen Minerva
und Hercules und in der „Himmelfart des Markgraffen"[6])
mit beissender Satire und höhnischem Zorn sein Sünden-
register vorhält, nur dass er sich auch hier an Lucian, dessen
Charon minor und Kataplus, sowie Huttens Phalarismus
anlehnt.

Ist demnach von politisch-polemischer Satire nach Art
des Aristophanes bei H. S. im Ganzen wenig zu finden, so
ist dagegen in seinen Werken in geradezu wuchernder Ueber-
fülle das andre Element vertreten, das als der Aristophanischen
Komödie eigentümlich bezeichnet werden muss, die Allegorik
in Form und Anlage. Allegorien, wie sie Aristophanes in
den Rittern (V. 1300; 1389 Bergk), den Acharnern (V. 977 ff.
1053), Wespen, Vögeln, Wolken. dem Plutus und besonders
in der Pax mit ihrer Irene. Opora. Theoria und ihrem

---

[1]) cf. auch K. III, 33, 55. IV, 3, 247. VII, 41, 202, 278; Goetze,
Fastnachtspiele, 78, 30. Fol. V. 333
[2]) Goed, Gr II, 233, 8; 274, 80; 429, 218. N. 241. N. 341 p. 170.
7. cf. auch Böckiug, Hutten IV, 427.
[3]) Schnorrs Archiv XI, 60.
[4]) Vier Dialoge v. H. S. ed. R. Köhler. Weimar 1858.
[5]) Arnold, H. S. p. VII f. Goed Gr. 417, 15a.
[6]) Schnorrs Archiv VII, 279.

Polemos und Kydoemos vorführt und durchführt, Personificationen von Abstracten oder die sonstige Concretisierung
von geistigen Dingen, die Belebung, speciell Vermenschlichung
lebloser Gegenstände, das alles kehrt in den Werken des
H. S., besonders in den 30er und 40er Jahren so häufig
wieder, dass eine Geschichte seiner Allegorien einen grossen
Teil der Geschichte seines dichterischen Schaffens überhaupt
ausmacht.[1] Und wie bei Aristophanes die Form des Kampfgesprächs, speciell des processualen Kampfes, überaus beliebt
ist — man thue nur einen Blick in die Wolken, den Plutus.
die Frösche, die Ritter, die Wespen, die Pax und die Weiberkomödien — so auch bei ihm. Nur ist, von jener glänzenden,
grossartig - genialen Allegorie des Aristophones, die dieser
vielgeschmähten Form für allezeit das unwidersprochene
Bürgerrecht in der Poesie erworben haben sollte, bei H. S.
oft nur wenig oder nichts zu spüren. Auch ist an einen
unmittelbaren Zusammenhang der Allegorik beider Dichter
fast ebensowenig wie in Bezug auf das stoffliche Element
der Satire zu denken. Die Allegorie des H. S. hat eine
lange Tradition, die zum Theil in den altgermanischen My-
thus, wie in den Gedichten vom Sommer und Winter, hinab-
reicht. Bald beruht seine „Aligoria" auf Bibel und Christentum, bald haben Virgil und Ovid ihn beeinflusst (K. IV,
161, III, 140 Fama und Neid). Jetzt fusst er auf der
Tabula Cebetis, jetzt auf dem Xenophontischen Prodikus, in
beiden Fällen wohl nach Pirkheimerschen Uebersetzungen
(K. III,75,1531; III,124 1556; cf. auch III,118 u. Fol. V,
Vorrede), dann wieder hängt er von der Früh- oder Spät-
renaissance ab, von Boccaccio mit seinem allegorischen Gedicht
von dem Glück und der Armut, (K. III, 105. Goetze, F.
Nr. 68), von Petrarka mit seinem Triumpfwagen Veneris
(Fol. V, 337. cf. auch K. III, 461), sowie dem Dialog
zwischen „Vernunfte und laide", übersetzt durch Wyle und
Wernher von Themar, von Enea Silvio[1]) mit seinem Traum
von frow gelück, ebenfalls übersezt von Wyle, sowie von
Poggio in „fraw Sorg und fraw Faulkeit", einer Allegorie,
die Brant in seinen Fabeln übertragen hatte. Dazu kam
vor allem die reiche Beisteuer an Allegorien, die dem H. S.
aus dem deutschen Mittelalter, besonders aus der Zeit des
erlöschenden epischen Geistes, von Ulrich von Lichtenstein
bis auf den Theuerdank, genährt durch die bildenden Künste,
zukam. Die Fraw Milde, Fraw Saelde, Fraw Unsaelde, Fraw
Mâze, Fraw Einigkeit, Fraw Azentiure, Fraw Welt u. A.,

---

[1] cf. K. III, 414. G. F. I, 266. IV, 23, V, 176, IV, 36; III. 566.
[1]) Goed.-Tittm. H. S. I, 99, 197, 199, 217, 281. K. V. 300.
Arnold, H. S. I, 147 (Bogius=Boccaccio!)

die Fraw Minne nicht zu vergessen, sind deutsche Frauen. Ebenso ist die Form des Kampfgespräches, speciell des Processes, dem H. S. auf den verschiedensten Wegen vermittelt. Die Fehde zwischen Sommer und Winter ist, wie schon erwähnt, uralt.[1]) Andre Stoffe dieser Art lieferte die Bibel, wie Gervinus² hervorhebt; man denke an den grossen Weltprocess zwischen Gott, Mensch und Teufel, an das jüngste Gericht, an Christi Passion, die Susanna, die Weisheit Salomos und Aehnliches. Teilweise war auch die Form ein Erbe des poetischen Wettkampfs im Alexandrinischen Idyll, sowie der alten Rhetoren- und Juristenschulen mit ihren ψόγοι und ἔπαινοι und ihren Controversen. Auch weisen die altfranzösischen Fabliaux, Songes und Moralités die Form so gut auf, wie zahlreiche deutsche Gedichte des Mittelalters; man erinnere sich nur, was das letztere betrifft, des Wartburgkrieges, des Frauenlobschen Streitgedichts über „Frau" und „Weib", der Möhrin Sachsenheims, die in H. S.ens Bibliothek stand,[3]) unzähliger andrer nicht zu gedenken. Vor allem das alte Fastnachtsspiel, aus dem das des H. S. hervorwuchs, ist reich an solchen Controversen und Processen[4]), und dazu gesellt sich der Einfluss der alten französischen, meist von Juristen geleiteten Farce, der sich in der Verpflanzung des Processstückes „Maitre Pathelin" nach Deutschland im Reuchlinschen und danach dem H. S.'schen Henno (K VII, 124) ausspricht. Streitgespräche waren ja ferner auch der Prodikus'sche Herkules, sowie die erwähnten Gedichte von Petrarka (Vernunft und laide), Boccaccio und Poggio. Das Alles wirkte mit, um die Pflege der Allegorie und des Streitgedichts bei H. S. zu befördern.

Gleichwohl ist nicht zu übersehen, dass zwischen der Aristophanischen Allegorie und der des H. S., zwischen dem Kampfgespräch des griechischen und dem des deutschen Komikers eine gewisse historische Continuität besteht. Freilich ist es nur in einem Falle eine direkte, dafür aber in vielen Fällen eine indirekte, wenn auch im Einzelnen die Abhängigkeit nicht immer festzustellen ist. Und zwar ist es wiederum der vielgelesene und übersetzte Aristophaniker Lucian, der ja, wie er selbst erzählt, seinen „Dialogus" zum Aristophanus sperrte, welcher hier das Mittelglied bildet, Lucian, bei dem es fast keine Tugend und keine Untugend giebt, die

---

[1]) cf. Goed. II, 426, 104. Riese, Anthol-lat. Nr. 199 und 687 Conflictus Veris et Hiemis.

[2]) Gervinus, II, 441, 449, 598-600.

[3]) Goedeke in Schnorrs Archiv, VII, 1.

[4]) Keller, Fastnachtspiele des 15. Jahrh. Nr. 8, 10, 11, 18, 24, 27, 29, 34, 40-42, 51, 52, 60, 61, 69, 102, 112 u. ö.

— 9 —

nicht irgendwo einmal in dem allegorischen Mäntelchen einer
Personification auftritt¹) sei es als Mann oder als Frau,
als Dienstmädchen oder als Hausknecht einer allegorischen Herrschaft, gar nicht zu reden von Personification, wie der des Syllogismus, der Demonstration, des
Jambus, des Cynismus, des Bettes, der Lampe u. s. w. Besonders für das Kampfgespräch²), das allegorische, wie nichtallegorische, speciell das processuale, mit Anklagereden.
Lobreden, Verteidigungsreden, Zeugenverhör und Richter
fand man bei ihm zahlreiche Vorbilder, so im Jupiter Tragoedus, in der Ueberfahrt, im 2. Totengespräch zwischen
Pluto, Menipp, Midas, Sardanapal und Croesus, im 12.
zwischen Alexander, Hannibal. Scipio und Minos, im „Urteil
des Paris" zwischen den drei Göttinnen und in erster Linie
in den Reviviscentes und im Bis accusatus. Wenn da z. B.
in dem letztgenannten Dialog, ausser Trunkenheit contra
Akademie, Wechselbank contra Diogenes, Malerei contra
Pyrrho, Rhetorik und Dialogus contra Lucian, auch Stoa
contra Wollust und Tugend contra Ueppigkeit auftreten, so
ist das nur ein antikes Thema zu vielen Variationen aus der
Zeit und in den Werken des H. S. Kein Zweifel, dass
Lucian die Allegorisierungslust oder besser Allegorisierungswut
dieser Zeit, welche Allegorie und Poesie beinahe für identisch nahm, in bedeutendem Masse hat nähren helfen. Hier
gingen die Italienischen Humanisten, hier die Deutschen,
Bebel mit seiner Triumphus Veneris, einer Fehde zwischen
Wollust und Tugend, Erasmus mit dem Encomium Moriae,
das ja die Verteidigungsrede einer Verleumdeten ist, hier
Hutten mit seinem Febris, seiner Fortuna, Libertas, Bulla,
den Dialogen Arminius und Phalarismus in die Schule, hier
haben die Desperatio, der Momus, die Pietas, die Superstitio,
der Decimus, die Veritas, der Pseudohuttenschen Dialoge³)
ihre antiken Vorbilder. Hier reiht sich auch, neben der
allegorischen Krankheitsgeschichte des „entdeckten Eck,"
Pirkheimers Laus Podagrae — nach Lucians Tragodopodagra — sowie die sterbende Messe und Aehnliches ein.

Diesen Nachahmern des Nachahmers des Aristophanes,
Lucians, ahmte dann H. S. selbst wieder nach. Auch er
lässt das Podagra allegorisch und im Gespräch auftreten
(K. IV, 408). An Sobius' „Philalethes" und die Veritas
des Pseudohuttenschen Gesprächs „Huttenus illustris"⁴) er-

¹) cf. besonders Piscator. Contemplantes, Bis Accusatus. Calumnia, Rednerschule, Timon, Loos der Gelehrten.
²) cf. Dial. Deor. Coel. Nr. 13, 16: Timon u. a.
³) Böcking, Hutten IV, p. 420 ff.
⁴) Böcking, a. a. O. p. 485, 595.

innert das Gedicht von der „unterdrückten fraw Warheyt,“
die dem „Phylaliteus“ in den finstern Wäldern (K. III, 313,
217, 34; 30. April 1537) begegnet, wenn auch ein drittes
unbekanntes lateinisches Gespräch die unmittelbare Quelle
dieses Spruchgedichtes ist.[1]) An Erasmus, dessen lateinische
Uebersetzung des Ikaromenippus H. S. 1527 in dem Gedicht
über den „eygennutz, das grewlich thir“ (K. III, 421) benutzte, nach dessen Toxarisübertragung er seine „Tragedi
von Clinia und Agathocli“ und die „2 getrewen Freundes-
paare (K. XII, 432, Fol. V, 310 und 311)) dichtete und
dessen Adagia er (VII, 419, III, 469) zweimal citirt, an
Erasmus insbesondere schloss er sich an, indem er am 1. des
Narrenmonats 1552 „Ein Comedi mit 29 personen zu reci-
diern, die Stulticia mit irem hofgesind,“ verfasste. Es ist
diese Comedi nichts Andres, als eine Umsetzung der be-
rühmten Rede der Moria ins Dramatische, eine freie Verar-
beitung derselben zu einem Maskenzuge, in dem ausser der
Königin, ihren 4 allegorischen „Hofjunckfrawen“ und dem
Jeckle Narren in langer Reihe allerlei Standesmasken vom
landzknecht bis zum regenten, vom bauer bis zum doctor
und alchimisten, sowie die Fastnacht, ihre Freundin, und die
Fasten, ihre Feindin, aufmarschiren. Derjenige, der die Stulticia“, laut Prolog, „auf das kürtzest da in teutscher sprach
gestellet frey“ und dessen Uebersetzung dem H. S. vorlag,
ist jedenfalls kein andrer als Sebastian Franck, der zeit-
weilige Mitbürger des H. S. († 1542), der das Theur vnd
künstlich Büchliu Morie Encomion . . . verteutscht hatte[2])
Hier ist auch zu erwähnen das „kampfgesprech zwischen
Fraw Tugend und Fraw Glück“ (K. III,190) vom 31. Juli
1537, das auf dem Pseudolucianischen Dialog „Virtus dea“
von Carolus Aretinus beruht, welchen H. S. in Vitus
Werlers —, nicht Buerlers, wie Tittmann schreibt — lateinischer Ausgabe Lucianischer Gespräche fand. Es ist ganz
das Schema des Streites zwischen $\lambda\acute{o}\gamma o\varsigma$ $\delta\acute{\iota}\varkappa\alpha\iota o\varsigma$ und $\ddot{\alpha}\delta\iota\varkappa o\varsigma$ in den
Wolken des Aristophanes, das hier, natürlich in modificierter
Form, wiederkehrt. In ähnlicher Weise befehden sich bei H S.
Tod und Leben[4]) (I,442), Hoffart und Demut (III,49) Tugend
und Untugend (III,124), Zorn und Senfftmütigkeit (III,142),
Frümbkeit und Schalkheit (III, 171), Kühnheit und Geduld
(III,132), Wollust und Ehr (III,158), Sommer und Winter
(IV,255 cf. IV,268), Gesundheit und Krankheit (IV,428),
Faulkeit und Sorg (IV,3, 55 Fol.), Fürwitz und Eckhardt

---

[1]) cf. Weller, Annalen z. J. 1555.    cf. auch Lucians Fugitivi
[2]) Goed. Gr. II, 12, 21.
[3]) Förster a. a. O. p. 360.
[4]) cf. Novius, mortis et vitae judicium. Teuffel p. 235,2.

(G. F. Nr. 8, K. VII, 183), wozu noch die Fehden zwischen
Reichtum und Armut treten; wie Chremylos und Penia im
Plutus, kämpfen miteinander Fraw Ehr und Jüngling
(III.418), Tod und Jüngling (1,460), Hoffnung und Jüngling
(VII,284). Diesen Kampfgesprächen reihen sich andere an,
in denen nichtallegorische Personen in die Schranken treten,
wie der Rabi und der Christendoctor (I,163), das Frewlein und
der Ritter (G. F. Nr. 1), der Alte und der Ritter (III, 406),
der Dichter und sein Freund (III,535). der grosse Alexander
und Diogenes (G. F. Nr. 44), Thales und Solon (G. F. Nr.
71), die beiden Doctoren (III,450), Gespräche in denen über
Christentum. die Liebe, die Weisheit, die Ehe, den Menschen
principielle Dispüte geführt werden, ganz abgesehen von den
Psychomachien zwischen Heuchler und Amice (F. G. Nr. 14)
und zwischen Narr und Vatter (F. G. Nr. 8). Speciell ist
es dann die processuale Form der Acharner, der Frösche,
der Wespen, wo ein Richter am Schluss den Spruch fällt, in
der H. S. mit Vorliebe die Parteien um den Sieg ringen
lässt. So entscheiden den Kampf zwischen Alter und Jugend
(IV.31) die Parzen, den zwischen Wasser und Wein (IV,247)
Jupiter, zwischen Bauer. Bürger und Edelmann (G. F. Nr. 78)
ebenfalls Jupiter.[1] In der Klage der Geystlichkeit vnd
etlich Handwerker vber den Luther fällt nach einer Verteidigungsrede des Reformators Christus das Urteil.[2] Anderswo platzen sich, wie der häufige H. S.'sche Ausdruck lautet,
der Karg und der Mild an (G. F. Nr. 7) und der Vater
spricht das Endurteil, oder zwei Gefattern raufen sich (G. F.
Nr. 82) und der „richter" schlichtet den Streit, wie der
„schultheis" auch den Wettkampf um die Nasen (G. F. Nr. 20)
entscheidet. Noch anderswo (G. F. Nr. 9 und 14) urteilt
ein Wirt über die Berechtigung von Klagen und Anklagen
ab. Und wieder anderswo kommt der Richter sogar aus
fern griechischen Landen von Athen, ob ihm hie möcht zu-
stehn das Richteramt in Teutschem Landt" und macht dem
Kampfe zwischen Buler, Spieler und Trinker (G. F. 5 nach
Beroaldus) durch seine Senteuz ein fröhlich endt.[2] In dem
Kampfgespräch zwischen Jupiter und Juno (K. IV,3) sehen
wir den alten „Tyresias" als Schiedsrichter auftreten, wahrscheinlich ebenfalls nach einer humanistischen Vorlage.[3] Eine
Art Process, der reich an Allegorien ist, findet sich endlich
auch in der „comedi von dem reichen sterbenden menschen,
der Hecastus genannt", (vom 3. Sept. 1549), den H. S. ziemlich getreu dem gleichnamigen Drama des Aristophanes-

---

[1] cf. Vespae judicium coc et pistoris judice Vulkano.
[2] Weller, H. S.-Bibliographie, p. 121 ff.

kundigen Humanisten Macropedius nachbildete und über den
Goedeke ausführlich gehandelt hat.[1])
Mit der Form abwechselnder Klag- und Verteidigungsreden hängt dann weiter die Form der einfachen Klagrede
zusammen, wie sie Aristophanes am ausgeprägtesten in der
Pax zur Anwendung gebracht hat und für die H. S. eine
so ausgesprochene Vorliebe zeigt. Fast möchte man sich
direct an die Εἰρήνη[2]) erinnert fühlen durch die Art, wie in
einem H. S.'schen Gedicht (K. III. 325) die Friedensgöttin
geschildert wird (cf. auch K. VII. 415, III, 465), wie sie
von den Menschen verstossen in einer kluft eingeschlossen
sitzt, einem alten Gemäuer, das mit Bildwerken und „krie-
chischen" Buchstaben verziert ist, und das auf einem Berge
ähnlich dem „Berg Olympus" steht, und wie sie dann zum
.heile aller menschen" wieder herabgefleht wird. Doch ist
nicht einzusehen, wie diese Aristophanischen Züge dem H. S.
hätten vermittelt werden können: eine comoedia moralis de
reducenda päce" von Leoninus erschien erst 1589.[3]) Jedenfalls aber ist die Aristophanische Pax, wenn auch nicht das
Vorbild, so doch dramatische Urbild aller jenen flüchtigen
verjagten Tugenden etc., die in der Wildniss in irgend einer
Steinkluft sitzen und klagen oder sich von den Zuständen
der Welt erzählen lassen und in deren Reden H. S. so gern
moralische Erörterungen vorbringt. Ein direktes Muster für
dieses Genre bot sich dem H. S. in der lateinischen Vorlage
zu dem genannten Gedichte von der „unterdrückten fraw
Warheyt", welchem dem Stoffe nach die „Fraw Warheyt, die
niemand herbergen will," verwandt ist (III, 165. G. F. Nr. 24)
Denselben Typus zeigen die Klagreden der Welt (III.570)
der „verjagten Weisheit" (VI,22), der „waren Freundschaft
über das volk christlicher lant, welches sie flüchtig verlassen
muss" (III,297), der „vertriben Keuscheyt" (III.282), der
„9 Muse über ganz Teutschland" (III, 286. |392. III, 432.
IV. 124. VII. 202), und weiterhin die der „fraw Arbeit
über den grossen müssigen haufen" (III, 168), der „brüder-
lichen lieb über den aigennutz"( III, 303), der „tugentreichen
fraw Zucht über die ungezembten Welt" (III, 293), des klagenden Evangeliums (I, 345 cf. 338), des Waldbruders über
die gestorbne „fraw Trew" (III, 306). Gedichte, die, wie auch
der Mehrzahl nach das Viertelhundert weiterer Klagreden
und Klaggespräche des H. S., sämmtlich in den 30er und
40er Jahren, speciell 1534—40, abgefasst sind, die einzigen

---

[1]) Every man pp. 55,67.
[2]) Aristoph. comoediae II Εἰρήνη, v. 221 ff.
[3]) Alb. Leonini comoedia moralis d. r. p. Basil. 1589. — Goed.
Gr. II, 152, 56.

III.282 (1518) und III,579 (1526) ausgenommen. Flüchtlinge und Geächtete sind auch „fraw Virtus" (IV,426), und der „gemeinnutz" (IV, 186), sowie die Spinne (V,73), Gefangene gleich der Pax die 4 „angel-tugendt" (III,271) und Ceres (III,320). Nur ist die Einkleidung dieser Sachen meist keine komische mehr, sondern der ethische Ernst, der in den Vordergrund tritt, unterscheidet sie wesentlich von den gleichartigen Aristophanischen Erfindungen.

Man würde jedoch irren, wollte man deswegen und wegen des massvollen und irenischen Charakters der H. S.schen Muse annehmen, unser Dichter habe keine Ader für das gehabt, was wir aristophanischen Scherz, aristophanische Laune nennen. Zuweilen steckt bei H. S. unter der ungelenken Form ein Kern aristophanischer Ideen und Erfindungen, denen nur die Behandlung einer reiferen Technik fehlt, um sofort ein vollkommen aristophanisches Gepräge anzunehmen. Man lese die Götterberatung (III,321) vom Jahre 1544 (cf. auch VII,269).[1]) und man möchte auf den Gedanken geraten, dass der alte „res publica, der uralt man in grawen bart," den Jupiter vor seinen Thron citiert, den Luna vor alten Jarcn in kriechenlandt hat fahren sehen und in Athen wohnhaft glaubt und dessen schwachen und gerumpffenen Leib dann Aesculap — ähnlich wie den Plutus durch seine Operation im „Plutus" — mit Purgiermittelchen und Pflästerchen wieder heilt, ein Abkömmling des alten δῆμος, des δύσκολον γερόντιον ὑπόκωφον (v. 43) der „Ritter" sei. Man denke ferner an das oben erwähnte Kampfgespräch zwischen Jupiter und Juno (30. April 1534). Erinnert es nicht lebhaft an die Weiberkomödien des Aristophanes, besonders die Ecclesiazusen und die Lysistrata, wo die Unzucht, die Klatschsucht, die Rechthaberei, das Pantoffelregiment der Weiber einerseits, ihre Empfindsamkeit, ihre Friedensliebe andrerseits in ganz ähnlicher Weise in Worten ventiliert und in Thaten vorgeführt werden? „Viel bass regierten doch wir Frawen," meint Juno - Praxagora, und Mercurius kommt gleich der athenischen Ratsversammlung zu dem Schluss, dass man in Ansehung des schlechten geistlichen und weltlichen Regiments dieser Zeit „ein Weil das weiblich geschlecht liess herrschen auf der gantzen Erden", während der Narr meint, dass man die Sache besser halbiere, „dass bayde, man und weib, regier, Ein yeder thail thu spüln und kochen," bis endlich der alte Tiresias mit seiner leidigen Vernünftigkeit und unter Berufung auf den codex Justinianus dem schönen Traum der Juno — und hier hört freilich das Aristophanische auf —

---

[1]) Gervinus II, 705 ff.

ein Ende macht. Dazu vergegenwärtige man sich die Fülle
wahrhaft aristophanischen Scherzes, in dem bei H. S. die
derbe Schwanklust des Jahrhunderts ihren Ausdruck fand!
Wir erinnern an Spiele, wie das Narrenschneiden (G. F.
Nr. 11), dieses groteske Geschöpf einer Phantasie, wie sie
nur immer ein Aristophanes besass, mögen nun ähnliche
Operationen bei Lucian im Charon minor und im Anfang
des Philosophen-Verkaufs und danach im Eckius dedolatus
oder die Zornbraten des altfranzösischen Fabliaus dabei vorgeschwebt haben. Man lasse ferner allegorische Schwänke,
wie die „guten schwenck", an denen das fünfft thayl des
1. Buchs und das dritte des 5. der Spruchgedichte so reich
ist, auf sich wirken, man denke an volkstümliche Stoffe, wie
das krapfenholen und Pachenholen (G. F. Nr. 12 und 15),
wie „der Kaufmann mit den alten Weibern" (G. F. Nr. 19),
„der Teufel nam ein alt weib," (G. F. Nr. 76) und ähnliche
Sachen, man denke überhaupt an die dummpfiffigen Diltappen
des Fastnachtspiels, die Pantoffelhelden und Windelwascher,
sowie an all die frechen, bösen und ränkevollen Weiber, die
„die Bruch" erfechten oder bereits anhaben, die sich mit
ihren Männern balgen oder herumschimpfen, die sich zu Re-
volten zusammenrotten (K. VI, 130 cf. auch G. F. Nr. 73)
und den „Meuchler" haben (cf. Ecclsiaz 226, 1119, Thes-
moph. 420, K. V,56; G. F. 34, 76; 49, 209; 60, 139, 295,
u. überhaupt G. F. Nrr. 1, 10, 12, 19, 21, 26, 28, 36, 38,
41, 49, 54, 57, 62, 76, 82, 86) und man wird zugeben, dass
all diese Genrebilder dem Geiste der aristophanischen Komödie mit ihren schlauen Weibern, ihrem Zank- und Keif-
gespräch, der untersten Abart des Kampfgesprächs, (cf. Ly-
sistr. 302, 533, 635 etc. etc.), ihrem Strepsiadestypus, an den
Gervinus treffend erinnert, und mit ähnlichen Gestalten von
gleicher Komik ebenso nahe kommen, als sie sich durch die
Mängel der Form von ihr entfernen. Schade, dass das Fastnachtsspiel „die reichstags Dewtschlands" (G. F. Nr. 48;
cf. Vorrede I. Bändchen p. VII.) nicht vorhanden ist: man
besässe sonst in ihm vielleicht ein Seitenstück zu den πόλεις
der alten attischen Komödie. Nur dass man nicht unmittelbare Beziehungen zu erkennen glauben darf, wo vielleicht
nichts sich offenbart, als die periodisch in der Weltlitteratur
hervortretende Uniformität aller menschlichen Phantasie oder
bestenfalls der Endpunkt einer weit und vielverschlungenen
Ueberlieferung. So wäre es gewiss etwas gewagt, die be-
kannte Entschuldigung eines H. S.'schen Liebesritters, dass
„Jupiter auch ein Buler war" (G. F. Nr. 5,325) unmittelbar
auf ihre älteste litterarische Formulierung in den Wolken
(v. 1082) zurückführen zu wollen. Es war dies eine populäre

Entschuldigung im Altertum. die z. B. auch von dem Lieb-
haber Chaerea im Eunuchen des Terenz (III, 5, 42) ausge-
sprochen wird. Von hier vermutlich drang sie in die
Schriften der Neulateiner des Mittelalters und so auch in den
Dialog des Philippus Beroaldus de tribus frartribus und aus
diesem dann erst in seine deutsche Bearbeitung durch H. S.[1])
Ebenso thöricht wäre es, die Quelle des lustigen H. S.'schen
Märchens vom Schlauraffenlande (cf. K. V, 261, 293, 339;
VII, 33; IX, 376) in dem Wolkenkukuksheim und dem
Land der Eselswollschur des Aristophanes und in andern
derartigen Schilderungen der alten Komödie. wie z. B. in
den πλοῦτοι des Kratinos zu suchen, so verführerisch auch
hier die Analogie sein mag. Dort wie hier bei H. S. wachsen
auf den Bäumen Kuchen und Würste, fliesst statt des Wassers
Wein und leckre Brühe oder Milch in den Strömen, dort
(bei Aristophanes Aves 130) wie hier sind die Taugenichtse
und Tagediebe die angesehensten Leute dieses herrlichen
Landes. Gleichwohl lässt sich eine Abhängigkeit nicht nach-
weisen. Die „Alten“ haben uns das Märchen, wie H. S.
selbst sagt, erzählt und die Fastnachtspiele des 15. Jahrhunderts kennen die Sage vom Schlauraffenlande mit dem
köstlichen Malmasier sehr wohl und wissen aus dem „alten
weiszen puch“ zu berichten, dass es zwischen Wien und Prag
in der Stadt Pimperlörel verlegen sei.[2]) wie die Fabel denn
auch schon im Mittelalter umlief[3]). Ein Vogelregiment. wie
in den Aves, das ornithologisch ganz interessant ist, findet
sich allerdings auch bei H. S., (K. IV. 278j, wie denn
Aehnliches auch sonst begegnet, man vergleiche „der Vögel
Gespräch“ vom Ende des XV. Jahrhunderts[3]) und die Satire
„Synodus avium depingens miseram faciem ecclesiae propter
certamina quorundam, qui de primatu contendunt cum
oppressione recte meritorum“, 1557 herausgegeben von dem
Wittenberger Professor Johannes Major. Eine Rabe führt
bei H. S. den Menschen zu der Vögelversammlung im Wald,
„auf dass,“ wie er sagt „durch dich eröffnet werd' allen
menschen auff gantzer erd unser freyheit und dingnitet.“ Auf
einer „wunderwilden gespor“ gelangen sie in ein „blumen-
reiches schönes tal.“ Ein Wahlakt geht vor sich, in welchem

---

[1]) A. v. Keller, Fastnachtsspiele des 15. Jahrhunderts, I, 58,
259, 721, 758.

[2]) Germania VII, 194, cf. Pitchon. Paul u. Braunes Beiträge,
III., Goed., H, S. II, 30, 156, Grundr. 1. 224, 14, II, 362 b. Nr. 78. II.
250 S., 253 f. 6, 282, 460; 419, 12; 423, 50; 425, 87; 506, 10; Fischart,
Geschichtsklitterung, Kap. 8.

[3]) Germania, VI, 91—106; Goed. Gr. I, 303, 45.

der Adler zum König erwählt wird, worauf ein grosses bis
Mitternacht währendes Vogelfest folgt, eine Darstellung, die
teilweise an die Aves des Aristophanes erinnert. ohne deshalb
von ihnen auch nur indirekt beeinflusst sein zu müssen.
Eher darf man schon daran denken. dass die erste Fabel
des 74. Fastnachtspiels (Bei Götze V. 138 ff.) zur letzten
Quelle die Thesmophoriazusen des Aristophanes habe. Als
„der alt kauffman," der Gatte der Lisabetha. unerwartet nach
Hause kommt, und sie in ihren „frewden" mit ihrem
„Pongraz" stört, bringt das Weib. nachdem sich der Buhle
versteckt hat. auf Geheiss der geriebnen alten Schwieger ein
leilach; das „zihens pey den zipfeln auf dem altn vor sein
augen", und indess die Alte spricht:

> Mein lieber aiden, alhie secht,
> Die Leilach hab wir ins haus bracht,
> Gespunen, gewürckt vnd gemacht
> Mit unsern henden alle ped.

schleicht der jüngling vor dem leilach aus und davon durch
die hinterthüer." Es ist dies einer von den Allerwelts-
schwänken, zu der die Erotik aller Völker beigesteuert hat
und die das Altertum des Abendlands als milesische Märchen
kannte[1]). Im Mittelalter erzählt ihn zuerst Petrus Alfonsi[2])
in seiner disciplinia clericalis, „Gott weiss, wie er hierher
verschlagen ist"; aus ihr nahm ihn Steinhöwel in seinen
Aesop auf[3]) und von ihm wieder bezog H. S. das Material
zu seiner Scene, das er ausserdem auch in den „Gesta Romanorum"[4]) vorfand. Ganz dieselbe Pointe aber hat eine
der übermütigen Geschichten. die Aristophanes anderthalb
Jahrtausende vor Petrus den als Frau verkleideten Schwager
des Euripides in den Thesmophoriazusen (V. 498) seinem
andächtig lauschenden Damenpublikum aus der chronique
scandaleuse von Athen mittheilen lässt. nur ist bei ihm keine
Schwieger im Spiel. Es teilt dieser Schwank des Aristophanes
durch die geschilderte Verbreitung das Schicksal eines andern
womöglich noch übermütigeren, den derselbe Mnesilochos
20 Verse vorher zum Besten giebt und der ebenfalls im
Mittelalter als Beispiel deutscher Frauenlist erzählt ward, des
Schwanks vom „Minnedurst." in dem eine Frau das Bett ihres
Mannes verlässt und draussen vor der Thür mit ihrem Buhlen

---

[1]) cf. Gervinus I, 278 f.
[2]) ed Valentin Schmidt, Kap. 11; cf. p. 126.
[3]) Oesterley, p. 351. (Bibl. d Stuttg. litter. Ver. Nr. 117).
[4]) Gesta Romanorum Kap. 123. - Goetze. Fastnachtspiele
VI. Bändchen, p. XII; VII. Bändchen, p. XVI.

thut, was sie allein ihrem Gatten gewähren sollte: nur dass
der Vorwand bei Aristophanes nicht der Durst, sondern ein
anderes Bedürfnis ist. Wem freilich der zweifelhafte Ruhm
der Urheberschaft dieser Geschichten zukommt, ob wirklich
einer schlauen Griechin oder nicht vielmehr einer indoger-
manischen Urmutter, möchte schwer zu entscheiden sein; 
denn der Schwank von dem Hahnrei, dem etwas vor die
Augen gehalten wird, damit der Buhler entweiche, findet sich,
nur mit etwas abweichendem Detail, auch in dem indischen
Fabelbuch Hitopadesa[1])

Es ist das eben erwähnte Fastnachtspiel eines der
sittlich bedenklichsten und übermütigsten von H. S., wie es
ähnlich sich nur etwa noch von dem „Bauer mit dem Plerr"
(G. F. Nr. 54) und von noch ein paar Ehebruchsstücken
(F. G. 46, 57, 69) sagen lässt. Darin ist aber H. S. durchaus nicht Aristophanisch, dass er auch in der Behandlung
dieser übermütigsten Stoffe nie frech und unflätig wird, dass
er dem Schmutz, den wir von der Vorstellung eines Aristophanischen Lustspiels nicht zu trennen vermögen, mit seltner
Enthaltsamkeit aus dem Wege geht. Es ist mit dem obscönen
Witz bei H. S. ähnlich wie mit dem Wortwitz, dieser un-
vermeidlichen Ingredienz Aristophanischen Spasses. Einen
ebenbürtigen Nachfolger hierin hat Aristophanes in dem congenialen Fischart gefunden. H. S. wendet das Wortspiel
im Verhältniss zu der grossen Masse seiner Werke äusserst
sparsam an. Mehr wie eine Mandel habe ich nicht gefunden.
Man vergleiche das Spiel mit „Sct. Coloman" und „Collman"
(G. F. 36, 269; 38, 228), Loch (Kerker) und „Lochheim",
„Katze" und Ketzer (G. F. 53, 249), „Bon" (Bann) und
„Bonen" (Bohnen) (G. F. 27, 145, 268; 53, 255; 65, 265;
69, 132; 77, 299), „Schwartze Kw" und „Schwarze Kunst"
(G. F. 41, 144), „Nequamsiter und Inquisitor" (G F. 53, 125),
„Lateinkönnen" und „Deutschherr" (G. F. 77, 55), „Feistikeit"
und „Geistikeit" (G. F. 42, 374). „Ysack" und „Sewsack"
(80, 130), Schlehen und Bücherlesen (80, 173), schlag und
schlagfluss (79, 187 ff), stehen und liegen (58, 15 g) sowie
mit den Namen Felix (G. F. 61, 69), Wolff (K. XI, Nr. 9)
und Simplicius (G. F. 32, 175). Uebrigens ist diese Art von
Aristophanischen Witz auch sonst bei den Zeitgenossen des
H. S. nicht eben häufig; dazu ist sie zu spitzfindig. Was
dagegen die Zote betrifft, so braucht man nur einen Blick
in die Fastnachtscherze eines Folz und seiner Genossen zu
werfen, nur an die reiche Schwanklitteratur der Zeit zu

---

[1]) V. d. Hagen, Gesammtabenteuer, II Nr. 39; Einleitung p.p.
XXVII, XXXI.

denken, um zu sehen, wie sich jenes derbe Geschlecht mit
einer fast möchte man sagen bewundernswerten Unerschöpflich-
keit an sexuellen Spässen in diesem Element herumtummelt
und wohlfühlt. Man könnte manchmal glauben, die Unsauber-
keiten des Atheners seien hier direkt in's Bayrische übersetzt.
nur mit dem Unterschied, dass der attischgebildete Aristophanes, selbst wo er mit dem ärgsten Schmutz um sich wirft,
es doch immer mit einer gewissen graziösen Handbewegung
thut. Wie engelrein ist gegen diese Dichter gehalten H. S.!
Ihm ist es mit dem Kampf gegen das Laster voller Ernst.
er dichtet „an alle unzucht" (cf. K. X. 5 u 7; VI. 21, 25;
IX, 543 u. ö.), in bewusstem Gegensatz zu dem wüsten und
unanständigen Fastnachtstreiben seiner Vaterstadt. Lieber
thut er Wasser zu Wasser, als dass er sich einer Vergiftung
jugendlicher Gemüter schuldig machen möchte. Für die
prüden Begriffe unserer Zeit spinnt er freilich immer noch
viel zu grob. Aber abgesehen von den Massivitäten des Ausdrucks, die sein Jahrhundert überhaupt nicht anstössig fand,
muss man wirklich mit der Brille in der ungeheuren Masse
seiner Dichtungen herumsuchen, um 3 oder 4 Obscönitäten
zusammenzufinden, die an die groben Zoten und unsittlichen
Zweideutigkeiten der alten Spiele erinnern. Die erotische
Zote findet sich bei ihm eigentlich nur in den „18 schön
einer Jungfrau" (K. V, 17) und den drei wachsenden Ding
(IV, 404), wozu etwa noch G. F. 62, 7; 58. 67 sowie K. III,
379, 2 (wenn die Lesart richtig ist) und K. V, 225 treten
möchten. Ein Wort wie „fudnacket" (21, 207) braucht H. S.
zweifellos ohne alles Arg, und das künstliche Frauenlob
(Fol. V, Bl. 330) ist zwar nicht zurückhaltend in der Schil-
derung der geheimen Reize der schönen Eheliebsten, aber
dabei so keusch und objectivbeschreibend gehalten, dass nicht
eine Spur von Lüsternheit darin zu entdecken ist. Man muss
auch nur einmal die Ehrbarkeit der klagenden und lobenden
Männer und Frauen (V. 237 243 IV. 264. 370) oder das
Selbstlob der Buhler (III. 376) mit den-rüpelhaften Behand-
lungen der selben Themata in den alten Spielen vergleichen,
um die Reinheit des biederen Meisters zu würdigen.

Von der cloacinischen Zote ist H. S. allerdings nicht
weiss zu waschen. und eine Betrachtung, wie sie der Narr
im „Neidhart mit dem feyhel" (G. F. 75, 178) über den
„waidhoffer" des Engelmayer anstellt, und ähnliche hin und
wieder bei ihm begegnende Aeschrologien (cf z. B. G. F.
80, 299) finden doch ihres Gleichen nur bei dem Dichter.
der cloacinische Laune genug besass, um die Eingangsscene
der Pax und das Zwiegespräch des Gatten der Praxagora
mit seinem Nachbar in den Ecclesiazusen schreiben zu können.

## II.

Die „Voluptatis cum virtute disceptatio“ von Benedictus Chelidonius und die Comedia des H. S. von Pallas und Venus.

Wenn politische Tendenz, Allegorik der Form und processuale Anlage hervorstechende Merkmale eines Aristophanischen Lustspiels sind, so verdient — selbstverständlich cum grano salis gesprochen — ein Stück des H. S. vor vielen diese Bezeichnung, ein Stück, dass auch deswegen in erster Linie zu nennen ist, weil es zeitlich eine führende Stelle einnimmt. Es ist politisch angehaucht. Haupt- und Nebenrollen sind Allegorien, personificierte Tugenden und Laster, ein Process mit Verteidigungs- und Anklagereden, mit Anwälten etc. bildet den Mittelpunkt der Handlung, und auch an Aristophanischer Αἰσχρολογία fehlt es in den komischen Partien nicht. Es ist dies die „Comedia, darin die göttin Pallas die tugend und die göttin Venus die Wollust verlicht, und hat 12 Person und drey actus“ im dritten Theil des ersten Buchs der Werke H. S.'ens (von tugent und laster K. III, 3 ff.). Diese Comedie vom 3. Februar 1530 ist in mancherlei Hinsicht bemerkenswert. Einmal ist sie der früheste Markstein in der ersten zusammenhängenden Periode der dramatischen Thätigkeit unseres Dichters. Was auf diesem Gebiet vorhergeht, das kampfgesprech von der lieb vom Mai 1515 (K. III. 406), das damit im Wesentlichen identische „Fastnachtspiel von der Eygenschaft der Lieb“ (vom 8. Jan. 1518 G. F. Nr. 1) das an Pamphilus Gengenbachs „Gouchmat“ erinnernde Fastnachtspiel „das Hoffgesindt Veneris“ (vom 21. Febr. 1517 G. F. Nr. 2), sowie die Tragedia von der Lucretia“ (vom 1. Jan. 1527, K. XII, Nr. 1) sind nur sporadische Vorläufer. Und zwar ist es die etwa 5 Jahr umfassende recht eigentlich humanistische Periode unsres Dramatikers. die mit der Comedie beginnt. Denn während in den späteren Perioden die Masse der romantischen, historischen und geistlichen Dramen neben dem Fastnachtspiel das humanistische Drama völlig überwuchert, sind unter den 11 Komödien und Tragödien der Jahre 1530—1536 nur drei biblische, Tobias. die Opferung Isaaks (1533) und Hester (1536), sowie eine geistliche Disputation. dass Christus der wahre Messias sei (1530). Die übrigen 6 Stücke verdankt H. S. den Humanisten und ihrer Beschäftigung mit dem antiken Dialog, und selbst von etwa 8 in diesen Jahren verfassten Fastnachtspielen (cf. G. F. I. p. V. f.) gehen 2 (3 u. 5) mit Sicherheit. eins (6) wahrscheinlich auf humanistische Quellen zurück. Nicht zum wenigsten aber ist der Streit der Pallas und Venus wegen seiner stofflichen Beziehungen

zu den Werken andrer Dichter von Interesse, und ich gehe
daher auf dieselben hier etwas näher ein, zumal über das
H. S.'sche Stück allerlei irrtümliche Ansichten bei den
Litterarhistorikern herrschen.

Der erste der des H. S.'schen Stückes ist Gottsched[1]):
er äussert sich darüber folgendermassen: „Dieses ist bisher
das einzige Stücke von H. S., welches mehr als einen Auf-
zug hat. Es ist werth zu wissen, was für Personen er
darinnen zusammengepaaret hat. Venus, Cupido und Pallas
schicken sich so ziemlich zusammen. Aber der Kaiser als
ein Richter, Hercules, der Held etc. . . . . mögen zusehen,
wie sie zusammen gekommen sind. . . . Wenigstens muss
man gestehen, dass es der ehrliche Dichter mit den guten
Sitten recht gut und aufrichtig gemeinet habe. . . . .“ Hieran
ist richtig, dass die Comedia das erste mehraktige Drama
des H. S. ist. Ueber die Berechtigung von Anachronismen
in einer allegorisierenden Komödie mit burlesk-komischen
Partien ist wohl heute kein Streit mehr: ebenso gut könnte
man dem Aristophanes einen Vorwurf daraus machen, dass
er in den „Vögeln“ neben den aufgeklärten Athenern die
homerische Iris, den Prometheus etc. auftreten lässt. Vollends
H. S. gestattete sich damit nur eine naive Licenz, die fast
alle seine litterarischen Zeitgenossen, auch wo es ihnen bittrer
Ernst war, mit ihm teilten. Vor allem aber war es übereilt,
zu glauben, die Personen

1) Der ehrenholt
2) Venus, die göttin der lieb
3) Cupido, ir sun
4) Pallas, ein göttin der weissheitt
5) Kayser, der richter
6) Hercules, der helt
7) Epicurus, ein lehrer der wollust
8) Antheus, der riess
9) Gerion mit drey angesichten
10) Hipolita, ein streytbar weib
11) Cacus, ein parteter mörder
12) Der Sathan

seien durch H. S. „zusammen gekommen“, was Gottsched
offenbar annimmt. Gleichwohl eignet sich auch Goedeke[2])
diese Meinung Gottscheds ohne Weiteres an, wenigstens
deutet er weder hier noch dort auf eine Quelle des H. S. Dieser
selbst lässt den Herold im Prolog sagen, das Spiel sei „aus

---

[1]) Notw. Vorrat I,59.
[2]) Tittmann, Schauspiele aus dem sechzehnten Jahrhundert
I, Einl. p. XI und Good. Grundr. II, 424, 39.

den poeten gemacht:" Wer Autor und Erfinder des Stückes sei.
hätten Gottsched und Goedeke, ganz abgesehen von der selbst
für den H. S. immerhin auffälligen Gelehrsamkeit, schon aus
einer Stelle des Dramas schliessen können. Im Anfang des
2. Akts spricht Epicurus, der philosophus, der Anwalt der
Venus, zu dieser:

Venus, ich bin behilflich dir
Aber die aufsteigenden praten
Des mostes und der ayer-fladen
Und der faisten praten durch-spiket
5. Macht mich zu reden ungeschicket.
Het ich ein trunk. so wer mir bass.
Wer hat unter euch ein weinglass.
Der geb mir durstigen zu trinken,
Auff dass mein dürre kel thu schlinken.
10. Ich empfind, das messiger wein
Die sin scherpff; es hat mir allein
Ein buchstab brochen, den hab ich.
Nun trink ich wieder mennigklich.
Ich habs gelesen offt vor allen.
15. Der spruch hat mir doch nie gefallen,
Voll becher mich erfreuen mehr.
Gebt mir die gesellen-becher her,
Auff dass sie mich frey redbar machen! (p. 12. 31 ff.)

Unsinn, wie im 11. und 12. der angeführten Verse, findet sich
im ganzen H. S. nicht wieder, und die Vermutung drängt
sich von selbst auf, dass hier ein Wortspiel zu Grunde liege,
das H. S. nicht verstand. Gottsched und Goedeke haben
diese Stelle nicht beachtet.

Aus der einen falschen Annahme über die Autorschaft folgen
dann weitere. Goedeke ist nämlich der Ansicht, dass das „kleine
Spiel", welches der Schweizer Jacob Funckelin in sein Spiel vom
reichen Mann und armen Lazarus einlegte, eine Nachahmung
des H. S.'-schen Stückes sei. „Diss klein spyl ist dem Rychen
Mann vber Tisch gespilet worden. Unnd ist ein Strytt Veneris
vnd Palladis, das ist weltlicher wollüst, vn der Tugend, vn
Pallas mit zucht vnnd Tugend siget, aber Venus mit irer
vppigkeit falt zu grund, fast lustig vnnd Kurtzwylig zu
lesen." Aufgeführt wurde dies Stück im Stücke mit dem
ganzen Drama zu Biel am 24. August und ebenso gedruckt
1571 und 1552[1]) und von Neuem separat 1868 in Tittmanns
Schauspielen aus dem 16. Jahrhundert, Bd. I, 163 ff. In
der Einleitung zu diesem Bande (p. X. L.) heisst es: Das
von uns mitgetheilte Spiel schliesst sich einem älteren Vor-

---

[1]) Goed. Gr. II, 349, 71, 1.

bilde, Hans Sachsens „Comedia von Pallas und Venus" an,
und auf der gleichen Annahme fussen die Vorbemerkungen zu
dem Spiele selbst (p. 166 ff.). Allerdings stimmt das Funckelinsche Spiel in vielen Dingen mit dem H. S.'schen Stücke
überein, so z. B. darin, dass vor jedem Akt das Argument
desselben verkündet wird, was sich sonst eben nicht häufig
findet; auch ist es auffällig, dass, wie bei H. S.. sich bei
Funckelin hier der Dreireim findet, am Schluss der einlei-
tenden Worte des Narren (p. 174, 23. ff.), vor den ersten
Worten der Venus (p. 178, 136 ff.), gegen Ende des Arguments zu Akt II (p. 189, 498 ff.), am Schluss des Arguments
zu Akt III, (p. 195, 671 ff.) und zu Anfang des Epilogs,
den der „herolt" spricht (p. 199, 778 ff.). Neben den Aehnlichkeiten finden sich aber auch viele Abweichungen, Züge,
die bei H. S. anders ausgeführt sind oder ganz fehlen. In
Tittmanns Ausgabe wird das alles auf Rechnung Funckelins
geschrieben. Die Möglichkeit, dass Aehnlichkeiten wie Abweichungen auf einer gemeinsamen Quelle beruhen, wird nicht
erwogen.

Eine solche gemeinsame Quelle existiert nun aber in
der That, und Goedeke selbst hat sie an andrer Stelle in
seinem Grundriss genannt. Es ist dies die „Voluptatis cum
virtute disceptatio" von Benedictus Chelidonius,[1] die Goedeke
(II, 132) in § 115 (Lateinische Dramen) unter No. 3 anführt.
Die unter No. 1 und No. 2 genannten Männer sind Italiäner,
Benedictus Chelidonius war ein Deutscher, der als Benedictiner
im Aegidienkloster der Vaterstadt des H. S. lebte. Wegen
seiner Liebe zur Gelehrsamkeit und Poesie soll er den Namen
Musophilus geführt haben, und jedenfalls war er in der
Litteratur und besonders der lateinischen Poesie wohl be-
wandert. Besonders war er mit Joh. Cochlaeus. dem Rektor
der Lorenzschule eng befreundet, wie denn am Ende von
dessen Pomponius Mela und Compendium geographicum sowie
bei dem Tetrachordo musicae desselben Briefe resp. Epigramme
von ihm abgedruckt sind. Auch gaben beide gemeinsam ein
Epicedion auf den Tod des Antonius Cress, des wackeren
Propstes an St. Lorenz und Freundes der Charitas Pirkheimer, heraus. Durch Cochlaeus wurde Chelidonius auch
1512 oder bald darauf in den Pirkheimerschen Kreis eingeführt,
in welchem Petrus Mosellanus. Thomas Venatorius, Albrecht
Dürer u. A. verkehrten. Dass er mit Spalatin befreundet
war, beweist ein Brief an denselben mit 12 Distichen. Von
sonstigen Poesien erwähnt Will Versiculos de fundatione

---

[1] Will-Nopitsch, Nürnb. Gel.-Lex s. v. Chelidonius; Will,
Biblioth. Noric. VIII, Nr. 33, C.

coenobii Egidiarii Item de abbatibus nonnullis eiusdem coenobii, Carmina de Vita Mariae, Carmina de vita et Passione Christi, Dichtungen, von denen die beiden letztgenannten 1511 mit Dürerschen Kupferstichen veröffentlicht wurden. Dagegen kennt Will die Disceptatio nicht. Dieselbe wurde 1515 in Wien gedruckt, wohin Chelidonius, wie es scheint, kurz vorher als Abt des Klosters U. L. F. zu den Schotten berufen worden war. Goedeke fand ein Exemplar des Stückes in Göttingen und Wolfenbüttel nicht vor. Ein Blick in das der K. Hof- und Staatsbibliothek zu München gehörige bestätigt die Richtigkeit der Vermutung, dass H. S. in seiner Comedia nicht minder als Funckelin in seinem Spiel sich nur die Erfindung eines Andern zu eigen gemacht hat.

Der ganze Titel lautet: „Voluptatis cum Viitute disceptatio Carolo Burgundiae duce Illustrissimo, Divique Caes. Maximiliani Nepote, litis diremptore aequissimo. Viennae Pannoriae coram MARIA Hungarorum Regina designata Dominoque MATTHEO S. angelidiai. Cardinali Reverendissimo recitata, A BEnedicto Chelidonio Heroicis lusa versibus, der Schlussvermerk: „Impressum Viennae Pannoniae per Joannem Singrenium expensis vero Leonardi Alantse quinto Idus Junii Anno M. D. XV." Die letzte Seite des 16 Bl. starken Quartanten nimmt ein Wappenholzschnitt ein. Auf dem Titel ist der Kampf eines mit Schlittschuhen, Löwenfell, Schwert und 2 Wappenschildern (schwarzem Doppeladler und 2 Fischen von 9 krewzen umgeben) ausgerüsteten Mannes (Hercules mit einem haarigen 3 köpfigen Kerl, der mit einem Spiess bewaffnet ist, („Gerion mit drey angesichten" H. S.) abgebildet. Der Schauplatz sind Eisschollen. Darunter steht:

„Sustulit alcides non uno monstra labore
Caesar idem peragit, par gloria cedat utrique.„

Auf den beiden nächsten Seiten folgt die Dedication: Nicolao Comiti de Salm Juniori, der den „Carolum litis Judicem" dargestellt hatte. „Quod qui culpaverit, Cerberi sit socius; illum non morde sed ride." Dass einige Leute die Aufführung gemissbilligt haben, weiss Benedictus wohl, aber er will sich die kleine Mühe nicht gereuen lassen, „sub imagine ludi" Gutes gepflanzt zu haben. Jenen Tadlern werde er mit seinen Spielern „ludis Pascalibus" antworten. Ausserdem ermahnt der Abt den Jüngling, seinen ruhmreichen und tugendhaften Vorfahren, insbesondere seinem weltberühmten und bei Maximilian beliebten Vater nachzueifern und societatem pravorum zu fliehen. Auf Seite 4 richtet der Autor eine prefatio ad spectatores. Man müsse zwar nie müssig gehen, jedoch dürfe man auch die Erholung des Geistes und Körpers nicht vernachlässigen. Deshalb kämen

die Spieler in der Hoffnung, dass die Hörer democritisches
Gelächter mehr als Catonischer Ernst ergötzen werde.
Wenn einer der Actores aber befangen auftrete, so möge man
au Theophrast denken, der in öffentlicher Versammlung auch
verstummte. „Sed jam aures admovete benignas atque argu-
mentarium placido, ut soliti estis, vultu suscipite". Dem
Stück angehängt sind dann noch Distichen an Maria und
Matthaeus, welche dieselben feiern, und der Bitte „accipias
fronte serena" gute Wünsche vereinigen. Ein besonderes
Lobgedicht ist auch gewidmet dem Joh. Chilimarus, artium
liberal. Magistro Ludi huius moderatori, unter dessen Leitung
die Jugend „artibus et pollet moribus ingenuis." Weiter
angefügt ist dann noch das Verzeichnis der Personen, die
Decimo Cal. Mart. 1515 das Stück aufgeführt haben und
unter denen ein Baron Georgius de Zintzendorf genannt ist.
Die dramatische Dichtung selbst hat im ganzen denselben
Gang, wie ihn die späteren Bearbeitungen zeigen. Voran
gehen zunächst einige lateinische Senare als Argumentum des
Ganzen, wie sie z. B. auch Reuchlein seinem Henno voran-
geschickt hat.[1]) Durch diese Zeitlichkeit wandernd sucht der
Mensch die beatitas. Allein der Sinn wird vielfach missleitet
sibimet discors, illecta larois. Coeli datoris immemor, luti
sequar geht er seine eignen Wege, bis er „vix et raro
quidem" auf die Bahn der Tugend zurückgebracht wird.

Quam nos brevi sub fabula discordiam
Boni malioz multa agentem pectora
Examinandam proferemus Carolo
Nepote Magni qui viget nunc Caesaris.
Aures benignas admorete paululum
Viri et favete quod venit spectaculo."

Von besonderem Interesse sind dann die speciellen
Argumente des „Preco." Wie z. B. schon in dem alten
deutschen „vastnacht-spill mit den dreyen nacketen gottin
von Troya" vom Jahre 1468[2]) tritt der Argumentator
vor jeder der drei Abteilungen auf, und zwar spricht er
dem ungelehrten Teile des Publikums zu Liebe in deutscher Sprache, eine Sitte, die später im Laufe des Jahrhunderts bei Lateinischen Komödien öfter begegnet,
(cf. Burmeisters mater virgo, Frischlins Phasma, Rollen-
hagens und Babsts Terenz, sowie die Freiberger Rhyt-
mologieen u. a.[3]), die aber meines Wissens so früh

---

[1]) cf. Gottsched, Notw. Vorrat II, 147.
[2]) cf. Schnorrs Archiv III, 1 ff. Nr. 4
[3]) Goedeke, Gr. II, 318, 321, 370, 508; III, 212, 5. Straumer,
Beitrag z. Schulkomödie in Deutschland, Freiberger Progr. 1865.
D. Dichter des 16. Jahrh. III. p. II der Einleitung.

soust nicht bezeugt ist. Die Prologe bei Chellidonius
lauten:

### I.

Ir herren hoch von manchem standt
Aus eer und tugend vns bekandt
Kurtzweyl wir euch zu dieser zeit
Erpieten vnd vil frolicheit.
5. Manch weg den menschen hin vnd heer
In lebens zeit ia mit gefeer.
Verlaiten und des himels pan
Verfeelet wurt von manchem man.
Darum das wollust seer gefelt.
10. Und tugent wurdt zu ruck gestelt.
Zwitracht erhebt sich da vnd dort,
Venus, Pallas, an keinem ort
Vergleichen sich. Dy tugend straft
Der menschen herz mit rat vndt kraft
15. Das wir euch geben zu verstan
Von disem spil yetz hebend an.
Her fur fraw Venus, vnd fur dich
Red selber vnd Latine sprich.

### II.

Venus vnd Pallas mit gefecht
Auf ir furbringen suchen recht
Seintmal dy sach so zwitracht stat
Und ydwe sich versehen hat
5. Zu Carolo von adel gros
Dem iungling kaiserlichs genos
Das er entlich ein vrteyl fell
Spricht Carolus ein ydwe stell
Ir zeugen: demnach gee sententz
10. An gunst vnd alle complacentz
Nun Venus dich mit fleiss ytz ruer
Und erstlich deinen zeugen fuer
Haist Epicurus alzeit vol
Darnach mein Pallas thu so wol
15. Dein zeugnus stell haist Hercules
Ein man der tugend wol gemess
Fach an Venus das ander teyl
Im spil, ein ydwer schweyg dy weyl.

### III.

Nach disputieren zweyer ort
Verherung auch der zeugen wort
Nachfolgen soll decisio
In disem schimpf pro tertio

5. Und entlich spruch nach rechtes laut
   Wer hab verschult zal mit der haut
   Gerechtikheit vergolten werd
   Mit gab vnd preys bequemt sich ser (?)
   Nun richter wolgeporner art
10. Von Kindtheyt ler und zucht gelart
    Belon vnd straf wie pillich ist
    Gib vrteyl: stell nit weiter frist.

Wie man sieht, ist der erste Prolog fast nur eine deutsche Umschreibung des lateinischen Arguments. Der Dialog selbst, der darauf beginnt, ist in Hexametern abgefasst, offenbar weil dies Metrum, dessen sich z. B. auch Locher in seinen Dramen bedient hatte, dem Dichter das geläufigste war. Am Schluss jedes Aktes aber singt ein vierstimmiger Chor einen Modus, wie das in Reuchlins Henno ausser am Schluss des letzten Aktes und in Lochers Spectaculum „de regibus et proceribus christianis"[1]) sowie bei Hegendorf[2]) auch geschieht. Auch sind wie im Henno und sonst die Noten (Discant, Alt. Tenor und Bass) beigedruckt. Das Metrum sämmtlicher Gesänge ist bei Chelidonius wie bei Locher das Sapphische. Nach dem ersten Akt, als Carolus zum Richter erwählt ist, werden Wahrheit und Gerechtigkeit besungen:

Veritas summo residens olympo
Orbis aeternas moderans habenas
Legibus justis homines et astra
    fata regitque.

„Nach ihr wird der Senat erwählt, nach ihr der Richter, der gerecht ist gegen alle. Er soll freisprechen und verdammen nicht unbillig, sondern Alles abwägen auf gleicher Wage. Nichts ist schlimmer als falsche Zeugen; durch sie ist oft der Unschuldige unterlegen." Mit dem letzten Satze ist auf die Zeugen hingewiesen, die im 2. Akt aufgestellt werden. Da einer dieser Zeugen Hercules ist und da er sich hierbei als den tapferen Kämpfer bewährt, der alle Feinde überwindet, so wird er in dem Schlussmodus des 2. Aktes als der Besieger von Stieren, Löwen, Ebern, Drachen, der Giganten und des Styxes sowie als Träger des Atlas, dem schliesslich die „sydera" geschenkt werden, gefeiert. Am Schluss des 3. Aktes endlich wird der Chor sogar in die Handlung mit hineingezogen. Der Judex fordert den Cacus auf:

„Sterne pecus. ferulis et pingues excute clunes
Ad musae numerum. chorus et respondeat ipsum
Tuque Satan socio non impiger esto minister"

[1]) Goed, Gr. II, 429, 16, 17. Gottsch. N. V. II, 170.
[2]) Goed. Gr. II, 436, 10. Gottsch. N. V. II, 172, ff.

worauf sich Chor und Cacus in Wechsel-Gesang und -Rede
einander ablösen, ähnlich wie dies in der alten attischen
Komödie — man wird unwillkürlich an die Prügelscene in
den Ranae erinnert — geschah.

Modus.

Pravitas atro similis veneno
Mentibus rectis inimica pestis
Proforet nobis nihil esset etsi
Nulla Gehenno.

Cacus.

2 Hexameter burlesken Stils.

Modus.

Est deus magni moderator orbis
Ille pro factis varie peractis
Omnibus quondam merito resolvit
Astravel Orcum.

Cacus.

2 Hexameter burlesken Stils.

Modus.

Est sibi virtus quia munus ipsi
Et quidem foelix, igitur colenda
Haec foret cunctis, Deus esset etsi
Nullus in orbe.

Cacus.

Cui lardum prurit frictu sanabitur isto
Nam tenuat pellem, Venerisque incendia tollit.

Modus.

Quisquis ad sedes igitur beatas
Pergis, abs te sit procul omne crimen
Sit comes virtus tibi, Grata divis
Chare viator.

Verse, von denen besonders der erste und dritte Modus wegen
der positiven Ethik, die darin dem aufgeklärten Atheismus
vindiciert wird, von Interesse sind. Den Schluss bildet ein
Abschiedsgruss ad Spectatores

„Quicunque laetis haec ludicra frontibus
Spectastis . . .
Beata sors vobis . . . mens et serena . . .
Tenorque vitae longior quam Nestori."

Es ist kein Zweifel, dass die Stücke des H. S. und des
Funckelin ihr Dasein dieser lateinischen Komödie verdanken.
Dass ersterer für das Werk seines früheren Landsmannes
Interesse fasste, ist leicht verständlich. Wahrscheinlich wurde
ihm dasselbe zugleich mit dem Singreniusschen Drucke der
Henno bekannt. Hält man das lateinische Original und die
deutsche Bearbeitung zusammen, so zeigt sich, dass der

Nürnberger Protestant dem Nürnberger Katholiken ziemlich treu gefolgt ist. Vor allem zeigt sich die Uebereinstimmung in der Akteinteilung. Bis zum Jahre 1530 findet sich die Zerlegung in Akte überhaupt nicht bei H. S. Hier dichtete er, wie etwa ein Jahr später im Henno nach Reuchlin, ein 5aktiges, zum erstenmal ein 3aktiges Stück, eine Teilung, die er nebenbeigesagt 3 Jahre später auch im Isaak und 1559—60 in 13 Dramen befolgt hat.

Ferner springt in die Augen, dass H. S. die Vorreden des Herolts vor den einzelnen Akten dem Stücke des Chelidonius abgesehen hat. H. S. hat diesen Gebrauch später nur noch an 2 Stellen adoptiert, in der 10aktigen Passio (1550 K. XI, Nr. 11.) und dem 7aktigen Jüngsten Gericht (1558 K. XI, Nr. 15). Teilweise stimmen die Prologe des H. S. sogar, wenn auch nur spärlich, dem Wortlaut nach mit den deutschen Argumenten des Chelidonius überein; vgl. K. III, 3, 7, 8

> Seyd das es yetz ist an der zeyt
> Zu mehren freud und fröligkeyt

mit Prol. I, 3 f. und den Reim: „schweigt ein weyl — tail (III, 20, 32 f.) mit Prol. II, 17, f. (cf. auch III, 3, 13, 14 mit Prol. I, 9 f.) Hinzugefügt ist in der ersten Rede des H. S.schen herolts die unbestimmte Quellenangabe und die darauf folgenden paraenetischen Verse 19—23, deren Inhalt später im Epilog, nach einer Recapitulation des ganzen Stücks. etwas erweitert wiederkehrt (cf. III, 26. 29 ff.) Die Erwähnung des Richters ist mit gutem Grund aus dem 2. Prolog des Chelidonius von H. S. in den ersten gebracht (III, 4, 3), denn die Hälfte des 2. Chelidonischen Prologs erzählt nur, was — auch bei Chelidonius — am Schluss des ersten Aktes bereits vorgegangen ist. Die Bemerkungen des H. S.schen Herolts vor dem dritten Akt über den Richter erinnern an den Modus nach dem ersten Akt der lateinischen Komödie. In dem Dialog selbst lässt H. S. manche Einzelheiten fallen. deren Beibehaltung nichts geschadet hätte, andrerseits lässt er Stellen unverändert. die nach 15 Jahren nicht mehr recht passen wollen. so wenn er Venus (II. 10, 29) von Kaiser Carls „zarter Jugend" reden lässt. deren sie „sich tröstet." Wie er die Verse übersetzt hat, mit denen Epicurus sich einführt, sahen wir oben bereits. In der lateinischen Vorlage äussert sich der alte Schlemmer. zu dem nun einmal der massvolle Lebensphilosoph im Mittealalter geworden war. folgendermassen:

> „Dicere me prohibent, quae ructuo prandia, fauxque
> Anginam patitur nimio (Venus optima) pingui
> Est opus hic primum (loquar ut) lenimine dulci

Porrige quisquis habes sitibundo vitra palato
Os aperit, gutturque rigat, stomachoque medetur
In modio sumptum, sensus acuitque lyaeum,
Sentio vim Bacchi, mihi littera defuit una, .
In modico sumptum sensus acuisse lyaeum
Saepe quidem legi, placuit sententia nunquam
Pocula ploena juvant, testi date pocula ploena
Antea quam tester, calices faciantque disertum" --
man sieht, durch welches Wortspiel sich das Räthsel der
H. S.schen Stelle löst, ein Wortspiel, das übrigens im Deutschen
leicht nachzuahmen war. Die angezogenen Verse des Cheli-
donius beweisen zugleich, wie fastnachtsmässigderb die Sprache
des lateinischen Vorbildes ist. Ich stelle dazu noch eine zweite
Probe und die H. S.sche Uebersetzung daneben, um zu zeigen,
wie trefflich H. S. anderwärts den Inhalt der lateinischen Verse
in seinen deutschen Knüttelversen freigestaltend wiederzugeben
verstand. Epicurns drückt bei Chelidonius seine Unersättlich-
keit mit folgenden grotesk komischen Worten aus:

.,O mihi procerae laricis sit guttur ad instar,
Longius ut sapiat sensim demissa voluptas,
Amplius osque antro, dens omnis maior eburno
Et vessica cado, cuppaque capacior alvus
Oceani pisces, et copia tanta ferinae
Carnis, emit quantam per sakbata magna Vienna"

was H. S. unter Weglassung der anstössigen vessica und der
Anspielung auf den Wiener Samstagmarkt so überträgt:

„Wolt Gott, ich het ein Krannichskragen
Das mir die speiss lang schmecket vor,
Und ein maul wie ein stadelthor,
Dass ich Kuchen und Koch verschlang,
Und zen gross wie ein elephant
Und ein bauch weit wie ein bierkuffen,
Das nur viel darein wurt gesuffen!
Het ich gesotten alle fisch
Und het als wildbret auff aym tisch,
Wie wer ich so selig und edel!" (15, 1 ff.)

Die „pingues elixis cotibus offas" bei Chelidonius macht H. S.
sehr hübsch zu „gut suppen, doch allein Gesotten von einem
wetzstein" (8, 14 f.) dem bekannten Kieselsteinsüpplein. Sagt
der Satan bei Chelidonius zum Preco:

„quatiam tibi poma comasque",

so verdeutscht das H. S.:

„So will ich dir dein Kamp erschütteln
Und deinen pirn-paum zu rütteln",

und aus eignen Mitteln fügt er hinzu:

„Se hab dir die putz-pirn ein weyl."

dolcher carnevalistischen Zusätze, mit denen H. S. das Element
Ser Fastnacht, welchem Chelidonius in den Rollen des Satan, des
Epicur, des Cacus und auch der Venus mit Behagen Raum gegeben
hat, zu verstärken sucht, finden sich auch sonst noch hie und
da in dem H. S.schen Stück (cf. 11, 4; 19, 10; 24, 35). Ein
Zusatz, den indess nur der Reim hervorrief, ist auch die
Aufforderung der Venus an Cupido:

> „Geh bald! scheuss einen nach dem andern,
> Ehr sey auss Braband oder Flandern." (6, 19.)

Von dem „paitzen der weybs-bilder", dessen sich Sathan bei
H. S. rühmt (5, 24), steht ebenfalls nichts bei Chelidoniu⸳
Sogar ein wenig Gelehrsamkeit lässt H. S. mit einfliessen.
So sagt bei ihm die „Hipolita" (18, 14 f) zu Hercules:

> „Gebrauch des fechtens dich allein
> Mit dem anhang Dianire!"[1])

ein Name, den Chelidonius nicht nennt; und das terenzische
Sprüchwort:

> „Wo Bachus nit Kelner ist,
> Da ist verloren Kunst und list"

steht ebensowenig bei Chelodonius zu lesen. H. S. hat denn
auch so ziemlich Alles, was sich an gelehrten Anspielungen
bei Chelidonus findet, unverkürzt beibehalten, so Juppiter
(7, 3; 14, 2), das judicium Paridis (7, 24 ff.), Tantalus (8, 16),
Argus (10, 1), die Giganten (16, 23), des Socratis sitliche
lehr (16, 5), Pusiris (19, 34), Cerberus 20, 2) u. s. w. Die
atomos des Epicurus sind indess zu „sunnensteublein" geworden,
wonach das sinnlose „sunnen seublen" bei Keller (14, 6) zu
berichtigen ist. Das „Ditis et in thalamo" hat er in das
verständlichere, „auss Plutonis pad" (24, 7) verwandelt.
Unverständlicher ist dagegen bei ihm der Vers des Chelidonius
geworden:

> Saepe quibus (scil. sagittis Cupidinis) mavors et cessit
>                                         Juppiter ipse,

was H. S. übersetzt:

> „Herr Mars, der helen Got, uns floch" (23, 22.)

Meinte H. S., mit Uebergehung des Jupiter, „der helden
Got?" Oder ward durch eine missverstandene Glosse: „der
helenen Got" aus Jupiter der „helen Got?" Dass H. S.
allermindestens ein glossiertes und übergeschriebenes Exemplar
der lateinischen Komödie benutzt hat, muss als wahrscheinlich
gelten. Das Maximum lateinischer Kenntnisse, das man dem
Dichter billig zuschreiben darf, reicht nicht aus, um annehmen

---

[1]) cf. Hutten Gesprächbüchlein p. 34 ed. K. Müller.

zu können, dass er das lateinische Stück ganz ohne gelehrte Bei-
hilfe übersetzt habe. Vielleicht erklärt sich so auch der Fehler:
„All den, die faisten Kuchen lieben" (25, 2),
nämlich als Lesefehler, da bei Chelidonius von einer „unctaculina"
einer „faisten Kuche" die Rede ist. Doch könnte hier eben-
sogut der Setzer geirrt haben, und allerdings sind Verwechs-
lungen wie die von larex (Lerchenbaum) und larynx (Schlund-
H. S.: Krannichskragen) u. ä. andrerseits etwas zu stark, als
dass man sie einem homo doctus zur Last legen möchte.
Erscheinen die beiden letztgenannten Abweichungen als unbe-
absichtigte, so liegt bei anderen wieder die Absichtlichkeit
auf der Hand. Dahin gehört die Zusammenziehung der
deutschen und der lateinischen Rede des Preco am Anfang
des 3. Akts in eine (p. 20), ferner die Vertauschung des
Judex mit einem Ritter (11, 14), des Cacus ex inferno mit
dem Sathan (23, 31), so wie andrerseits die Vertauschung des
Chors mit dem Cacus am Schluss des Stückes (25, 26 ff).
Indess hat H. S. den Chor nicht ganz beseitigt. Zwar sind
am Schluss des 1. und 2. Aktes die lyrischen Partieen unterdrückt; doch abgesehen davon, dass am Ende des 2. Aktes
die Rede der zuletzt sprechenden Person dafür etwas verlängert
ist, hat sich in dem Dreireim der 3 letzten Verse beider
Aufzüge eine Spur der sapphischen Strophe erhalten.[4] Denn
wenn sich der 3 reimige Schluss bei H. S. auch schon in
2 Spruchgedichten aus den Jahren 1528 und 1529 findet, so
sind doch höchst wahrscheinlich die 3 Langzeilen der
sapphischen Strophe bei Chelidonius der unmittelbare Anlass
gewesen, den Dreireim auch in's Drama einzuführen, was
hier zum ersten Mal bei H. S. geschieht. Dass die drei
Sapphischen Langzeilen leicht dazu verführten, beweisen die
Dreireime in Martin Mylius Passio Christi, die z. T. in
Sapphicis abgefasst ist (Wackernagel, Lesebuch p. 1511.)
Nicht so spärlich ist der Ersatz am Schluss des 3. Akts.
Hier spricht Carolus (cf. oben p. 26) zu Cacus:
„nemb den maister aller laster (scil. Epicurus)
Und feg im sein rostig ars-packen
Mit pritschen wol, dem faisten pracken,
Dass die versammlung in dem ring
Mit freuden nach der pritschen sind." (24, 18 ff.)
Und wirklich wird nun gesungen, indem aus je einer sapphischen
Strophe wie aus je zwei Hexametern je zwei Reimpaare
gemacht werden, so dass folgende Responsion entsteht:
„Cacus pritscht und singt ihn vor
Cacus spricht
Cacus singt und pritscht
Cacus spricht etc"
bis zu dem ebenfalls 4 zeiligen Schlussgesang.

Eine Aenderung aber, die zugleich eine Erweitrung ist,
bleibt schliesslich noch zu erwähnen, weil sie das Stück weit
über das Niveau einer höfischen Verherrlichung, in die das
lateinische Spiel schliesslich ausläuft, auf die Höhe der Zeit
und der reformatorischen Zeitfragen erhebt. Die ehrfurchts-
volle Huldigung fehlt ja auch bei H. S. nicht. Wie Pallas
bei Chelidonius im ersten Akt den Carolus judex anredet;

> „Teque optime primum
> Maxima Burgundis atque aevo gloria
>                       nostro,
> Judice te etc"

so bei H. S. den „Kayser" mit einer zeitgemässen Aenderung:

> „Du grossmechtig gwaltiger Keyser,
> Seyt du bist aller tugend preyser
> Ein grosse ehr Hispanien (10. 19 ff)

und wie dort dieselbe Pallas der „generosa propago Philippi"
(von Burgund) „frondem" und „palmam" d. i. die Palme der
Tugend, die er ihr reicht, in schmeichelnder Symbolik zurück-
giebt, so hier den Tugendkrantz (21, 23). Als darauf der
Richter dem Hercules den Himmel (orbem) (cf. 21, 29, 36)
zustellt und „auff die Schuldtern legt", erwiedert Hercules
bei Chelidonius:

> „Virtuti si Carole mi debetur olympus
> At debeturnei, te nunc digamur eodem,
> Quandoquidem fulges Atavis pietate serenis
> Atque illo quo non alind nanc maius in orbe est
> 5. Ostriacus pater est illi, Lusitanaque mater
> Solis utramque domum tenet ergo, agitatque sub imis
> Hesperiam plantis, Boream caput exerit usque
> Et late immanes aquila victrice tyrannos
> Prosternit Caesar Maximilianus, ab omni
> Parte vigil, Martem collata marteque frangit
> 11. Te decet hoc igitur Juvenum clarissime donum
> Utpote qui Sortis maiorum duceris heres,
> Suscipe lucentem stellis ardentibus axem
> Praelustresque puer mores imitare parentum."

Diese Stelle übersetzt H. S. ungefähr ebenso, nur dass er
nicht von dem Reich Maximilians redet, in dem die Sonne
nicht untergeht, sondern ihn preist als ein „erleuchten man.

> War der gerechten schilt und schutz,
> Sucht des heyligen reiches nutz." (22, 8 ff.)

Dann aber nach Vers 11 bei Chelidonius fügt H. S. ein:
(V. 16 ff.)

> „Sey edler tugend ingedenck!
> Lass neydisch red dich nicht verfürn!
> Noch unschuldiges blut berürn!

Verhör vor selb dein gegen-thail!
Denn wirt dir folgen glück und hail,
Bestendigklich, als dein vorfarn."
Die Zeit, zu der H. S. diese Zeilen dichtete, war die zwischen
dem Reichstag zu Speier (1529), wo die gewaltsame Nieder-
haltung der evangelischen Lehre beschlossen worden war,
und dem Reichstag vom Augsburg (25. Juni 1530.) Kaiser
Carl hatte sich mit dem Papst verbündet und ein gemeinsames
Wirken zur Ausrottung der Häresien zugesagt. Eben war
er auf der Reise von Italien nach Baiern. Diese Ereignisse
spiegeln die Verse des wackeren Meisters wieder. Wie Luther
in seiner Schrift an den deutschen Adel, wie Hutten im
Vadiskus, wendet er sich mahnend an den Kaiser, und der
Verfasser der Wittenbergischen Nachtigall und der Dialoge,
der zugleich der loyalste Unterthan seines Kaisers war (cf.
die Historia vom 12. Februar 1530. All römisch Kaiser nach
ordnung, wie lang jeder regiert etc. bis Carolum V. K. II.
353. 381. 400 III. 199[1]), durfte wohl so reden. Jedenfalls
konnte H. S. sicher sein, bei seinem Publikum mit diesen
Worten einen durchschlagenden Effekt zu erzielen.

Dass es dem Stücke in der That nicht an einem Bühnen-
erfolg gefehlt habe, lässt sich vielleicht aus dem Umstande
schliessen, dass H. S. eine der lebensvollsten Gestalten desselben,
den Epicurus, bereits im nächsten Jahre in einem andern
Spiele anzubringen für gut fand, in dem „Caron mit den
abgeschidnen geisten" vom 28. Januar 1531. In dem Lucianischen Totengespräch, das dieser „tragedi" zu Grunde liegt,
tritt der „wollüster" überhaupt nicht auf, geschweige denn
in einer Rolle, die Lucian eher jedem anderen als seinem
Lieblingsphilosophen Epicur zugewiesen hätte. Um so deutlicher
liegt bei H. S. die Reminiscenz an das „faiste Kalb, den
alten Jucker und Weinschlucker" des Chelidonius vor Augen.
Man höre nur die „bodenlose treber-kue, den weinschlauch",
der mit einem Krug in der Hand zum Totenkahn gelaufen
kommt, den es „dunket, seiner Kopff sind zween und dem der
wein im halss auffquilt":
     „O dass ich het semel und wurst!
     Oder ein feisten speckkuchen!
     Last mich ein brentenwein versuchen. . .
Selbst derVorschlag des Menippus, „der saw bech und schwebel
einzuschenken und ein hellisch getrank zu geben", erinnert an
den Trank „von schwefel auss der höllischen pfütschen" mit
welchem die Vertreter der Wollust bei Chelidonius getränkt

---

[1] cf. auch Weller, H. S.-Bibliographie p. 29, Nr. 34: Ein er-
manung an die Keyserl. Majestät, dess Evangeliums halber . . 1546

werden sollen. Uebrigens ist für H. S. Epicurus fortan allezeit der Typus des Schlemmers geblieben, wie eine ganze
Reihe von Citaten in seinen Werken (K. III. 197, XI, 407.
G. F. Nr. 5, 209), sowie vor allem der hübsche Schwank
(K. V. 335) vom „vollen Heer" aus dem Jahre 1536 beweist,
wo der „hauptmann Epicurus auff eym esel" voranreitet, wie
Silen. und „ein fladen in eym schild" führt. Dieser Zug ist
gewiss dem Chelidonius'schen Stück zu verdanken, und dasselbe gilt zweifellos auch von einer Bemerkung der Virtus
n dem bereits erwähnten nach Pseudo-Lucian (Carolus Aretinus)
gedichteten Kampfgespräch zwischen „fraw Tugend und fraw
Glück"; die Göttin, die von der Fortuna mit Hunden gehetzt
wird, will nämlich auch hier an Kayser Carolum „appelliren"
(III. 200 v. 31. Juli 1537.) Ueberhaupt wird in mehr als
einem der zahlreichen H. S. Gedichte, die den Gegensatz
zwischen Geist und Fleisch. Tugend und Untugend behandeln, 5
Chelidonius nicht minder als Prodikus oder mittelalterliche
Gedichte verwandten Stoffes vorgeschwebt haben. was jedoch
im Einzelnen nachzuweisen zu weit führen würde.

Als ein Zeichen, das H. S. mit seiner Comedia von
Pallas und Venus einen glücklichen Griff that und auch im
Einzelnen den Geschmack seiner Zeitgenossen traf. dürfen wir
auch eine Veröffentlichung ansehen. die der Wittenberger
Buchdrucker Georg Rhaw (geb. 1494, Cantor an der Thomas-
kirche zu Leipzig, „bestellte 1519 bei D. Ecks Disputation
die Music" und ging darauf „wegen der Religion"[1]) nach
Wittenberg,) 1536 veranstaltete. Es ist dies „Ein Lustspiel
vnn vast ehrliche Kurtzweile, von Veneris vnd Palladis gezenck.
wie sie durch Carols vrteil entscheiden, vnd Pallas, ja die
tugentsame erbarkeit, wider den schedlichen wollust, den sieg
vnd triumph behalte. Durch einen vleissigen ehrliebenden
Studenten, gemeiner jugent zu gut, verfasset. Gedruckt zu
Wittemberg durch Georgen Rhaw. Im 1536. Jar." Gottsched sagt darüber: „Uebrigens ist das Stück des H. S. auch
1536 ... ohne Meldung des Verfassers wiederum in 8. gedruckt
worden", und I, 75: „Ist keine neue Auflage von der obigen
Komödie H. Sachsens", ein ziemlich unklarer Bericht. Gleich
Gottsched stellt Goedeke den Rhawschen Druck. von dem sich
Exemplare in Dresden und Zwickau finden, mit dem H. S.schen
Drama zusammen (Gr. II, 425 Nr. 39.) Auf den ersten
Blick könnte man dem gegenüber glauben. dass das „Lustspiel"
nichts unmittelbar mit H. S. zu thun habe. sondern eine von
diesem unabhängige andre Bearbeitung des Chelidoniusschen
Stückes sei; denn der „Verfasser" will ja ein „vleissiger

---

[1]) Jöchers Gelehrten-Lexic. s. v. Rhaw.

ehrliebender Student" sein. Allein in Wahrheit ist der ano-
nyme Student weder besonders vleissig noch ehrliebend.
wenigstens in dieser literarischen Angelegenheit. Sieht man
sich die „ehrliche Kurtzweile" näher an, so springt sofort in
die Augen, dass das Ganze nichts ist, als eine lüderliche
Abschrift und teilweise Periphrase der H. S.schen Komödie.
Wellers Ausdruck „Ueberarbeitung" thut der Verballhorni-
sierung zu viel Ehre an. Fast sämmtliche Fehler, Aenderungen
und Zusätze des H. S. finden sich auch bei dem
chrliebenden Studenten, von „Bachus dem Kelner" bis zu
„Herrn Mars, der hellen Got", nur dass Alles formell, nach
Versmass und zum Teil auch Reim, verschlechtert ist. Der
Prolog des H. S. ist ohne rechten Grund in eine „Vorred"
und eine Anrede des Herolts zerlegt. Die erste Rede des
Epicurus lautet:

..Venus ich bin behülfflich dir.
Aber der aufsteigend braten
Lampred, Rebhun, vnd der Hasen
Phasaun, vnd wiltbret wol durch spickt
Macht mich zu reden vngeschickt
Het ich ein trunk so wurd mir bas
Wer hat unter euch das weinglas
Der reich mir dürstigen ein trunk
So kann ich thun ein guten schlunk
Ich entpfind, das messiger wein
Die sinn scherfft vnd hat mir allein
Buchstabens brochen den hab ich
Nu trinck ich wieder messiglich
Doch volles mich erfrewet mehr
Gebt mir die grossen becher her
Damit sie mich redbar machen."

Man sieht, wie H. Sens Verse gemisshandelt sind. Den 3.
Reim am Ende des ersten und zweiten Aktes hat sich der
Abschreiber geschenkt. Aus der Stelle:

„Gebrauch des fechtens dich allein
    Mit dem anhang Dianire!
ist das sinnlose:
        Gebrauch etc.
    Mit deinem umfang der arme"
geworden; der „gute alte Jucker" ist zum „Juncker" er-
hoben, u. s. w. u. s. w. Gegen den Schluss hin spricht
Cacus:

„Diesen armen kranken knaben
Wöllen wir mit kolben laben
Er geint, schnarcht jnn einer joppen,
Gröltzt nach einer faisten suppen."

Aus den 9silbigen Jamben sind 8silbige Trochäen geworden.
Dass H. S. solche Verse nicht hätte drucken lassen, dass er
seine Autorschaft also nicht etwa selbst hinter dem vleissigen
Studenten versteckt habe, liegt auf der Hand. Das ganze
ist ein Plagiat weit schlimmer als das Rappoltsche des
Hekastus, und zwar konnte es um so kecker auftreten, als
jedenfalls ein authentischer Druck des H. S.schen Stücke, 1536
nicht vorhanden war. Denn der Druck ohne Ort und Jahr,
den Goedeke nach Heyses Bücherschatz[1]) anführt, ist selbst
nur die erste oder zweite Auflage des Plagiats, so dass also
vor der Gesammtausgabe von 1558 kein unverfälschter
Druck erschienen ist. Was der „Student" benutzte, war vermuth-
lich eine sehr eilfertige, lücken- und fehlerhafte Abschrift des
H. S.schen Manuscriptes, die wer weiss wie in seine Hände
gelangt war. Damit ist nicht gesagt, dass nicht einige Les-
arten bei Rhaw die ursprünglicheren sein könnten, so der
Vers: „Welche die faisten Kuchen (unctas culinas?) lieben"
oder die Worte „In Plutons bet" (Ditis et in thalomo) statt
„Auss Plutonis pal" oder die scenische Angabe „Der Chor
singt" statt „Caens singt" am Schluss bei H. S. Dass der
vleissige Student sich die Mühe gab, dies nach dem Chelidoniusschen Original zu berichtigen, ist nicht glaublich bei
der grenzenlosen Flüchtigkeit, mit der er bei der „Abfassung"
des Lustspiels verfuhr. Nur so viel steht fest, dass er um
das lateinische Original wusste. Dies beweist eine „Vale-
dictio" des Herolts, die der Plagiator seiner vngeschickt vnd
jnn eil" gehaltenen Kurtzweil angehängt hat und in der es
heisst:

> „Gönt euch vnd vns Gott das leben
> Wöl wir Comedi anheben
> Zu Recitiren im latein
> Wie das am besten mag gesein."

Ist der „ehrliebende Student" demnach ganz und gar
von H. S. abhängig, so ist dagegen evident, dass Funckelins
Stück unmittelbar auf der Disceptatio des Chelidonius fusst,
so gut wie das des H. S. selbst. Viele Einzelheiten der
lateinischen Vorlage, die H. S. überging, bei dem Schweizer
kehren sie wieder. Der Preco heisst hier wie in der Praefatio
ad spectatores bei Chelidonius „Argumentarius." Wie im
lateinischen Stück (Prol. I, 5 ff) spricht er hier von dem
weg, der ban (V. 78, 95) der Tugend und des Lasters, erzählt (492 f.), wie sie „suchend recht nach langem … gefecht"

---

[1]) H. B. 2154. cf. Weller, Hans-Sachs-Bibliographie p. 79
Goed.. Gr. II, 424, 39.

(Prol. II, 1 f.), wie der tugend züg heisst Hercules, ein man
der bscheidenheit gemess (499 f.-Prol. II, 15 f.), wie

> „nach verhör der zügen wort
> der richter dsach bringt an ein ort
> desglichen ouch nach rechtens lut
> zalt Epicurus mit der hut"

(V. 657 f. V. 665 f.-Prol. III, 1 f. 5 f.) alles fast wört-
liche Entlehnungen aus Chelidonius. In dem Stück selbst
nennt Venus gleich zu Anfang all ihre Herrlichkeiten, wohl-
riechend balsam, wihrauch rein sowie „die roten bäcklein"
und „den schönen mund" womit sie jeden „lieblich anschmollt"
(V. 148 ff), auch „ein bett mit unzahlbar lust und üppigkeit
zugerüst" (165 ff) u. s. w., ganz wie bei Chelidonius, während
H. S. alle diese schönen Dinge erst durch Pallas später
(9, 9 ff.) aufzählen lässt. wobei des Balsams und des Weih-
rauchs nicht gedacht wird. Dem „economus" des Chelidonius
entspricht genau der schaffner (V. 176) den Worten des
Teufels „saevo me dignior Orco" die deutschen:

> „werst bass der Hellen wert dann ich" (231),

dem „celeres nam vivitus horas die Wendung:

> „die zit slebens fart hin geschwind." (356.)

Von Alledem findet sich bei H. S. nichts. Weder sein Ern-
hold noch sein Satan will auch (p. 11) den Gegner „mit
zänen (dentibus) zerreissen" (V. 462). Den Larex (Lerchenbaum), für den H. S. den Krannichskragen λάρυγξ einsetzt
überträgt Funckelin mit „tannboum" (572), das Verbum
„blatterat" ist (585) wörtlich mit „pladert" wiedergegeben.
Gegen diese Gründe fallen die Gegengründe nicht ins Gewicht
und wo Funckelin mit H. S. übereinstimmt, so wenn er der
Pallas eine erenkron (Krantz) verleihen lässt, da ist die
Aehnlichkeit als eine zufällige anzusehen. Den gelegentlich
angewandten Dreireim fand Funkelin z. B. bei seinem Lands-
mann Gengenbach in gleich inconsequenter Weise gebraucht.

Was Funckelins Arbeit im übrigen betrifft, so bietet
er zwar manche Erweiterung, kürzt aber auch hie und da
den Text des Chelidonius stark. Die mythologischen Anspielungen auf Jupiter, Paris etc. (cf. oben p.    ) sind bei
Funckelin fast ohne Aussnahme weggefallen, was ja allerdings
weiter kein Schade ist, aber den Anflug von lateinischer
Gelehrsamkeit, der ihm in der Vorbemerkung bei Tittmann
(p. 165) zugeschrieben wird, eher vermindert als vermehrt.
Hinter Vers 467 bleibt die Rede des Judex weg, mit der er
bei Chelidonius den Streit zwischen Preco und Satan endet.
und auch die zweite Auflage der grotesken Wünsche Epicurs
(hinter V. 584, b. H. S. 15, 19) unterdrückt Funckelin.
Ebenso lässt er des Socratis sitliche lehr (ethica Socratica)

(H. S. 16, 5) aus, wobei nebenbei ein Missverständniss des lateinischen Textes mit unterläuft (V. 593 f.) Hercules' 2. Rede (V. 615) ist sehr gekürzt, und der 3. Gegner des Hercules, die Amazone „Hipolita", gestrichen, was indess Funckelin nicht hindert, nachher (V. 641) den Cacus trotzdem von drei vorhergehenden Siegen des Helden reden zu lassen. Dieser Cacus kommt überhaupt sehr kurz weg bei Funckelin; weder die Deutung dieses Ungethüms auf den Zorn findet sich bei ihm, noch wird dasselbe in die Hölle versenkt, noch übt es am Schluss die Pritschexekution aus. Diese lustige Scene vermischt mit sinnvollen Sprüchen des Chors fällt ganz unter den geistlichen Tisch, der bei Funckelin besonders reichlich mit vielen Erbaulichkeiten besetzt ist, man vergleiche dafür ausser dem Schluss (791 ff) die Einleitung und 358 ff. Die ganze Schlussscene ist überhaupt von Funckelin stark verändert. Erst auf des Teufels Anregung (726) fällt der Richter das Urteil, dass dem „vollbuch" Epikur „dhut mit hellschen benglen ertenglet" werden soll, und zwar vom Teufel. Dann spricht letzterer, wie bei H. S., die Worte des Cacus ex inferno, und darauf erst folgen die Klagen der Venus und des Cupido, die in „nobis hus" wandern müssen, unterbrochen von dem Hohngelächter des Teufels, der auch den Schluss macht. Auch sonst zeigt das Funckelinsche Stück noch mancherlei Besonderheiten. Auf seiner Natur als Spiel im Spiel beruht es, dass nach dem ersten Argument noch ausserhalb der Handlung stehende Personen (V. 124 ff) dazwischen sprechen und dass nach des Teufels Anpreisungen (V. 232 ff.) einer der Gäste „Lär den Becher" sich zu einer „ler" bekennt. Wie der Preco mit „Weibel" übersetzt wird, so tritt für den Namen Satan „Astarot" ein. Der Venus folgen „ire jungen töchter" (V. 156) und ebenso der Pallas (348), und hier erscheint auch die „Amazon", die im 3. Akt verschwinden musste, nicht jedoch als Gegnerin des Hercules, sondern als Nachfolgerin der Tugend. Besonders durchgreifend aber ist die Aenderung, dass aus dem Carl ein blosser „Richter" geworden ist, womit dann zusammenhängt, dass ihm weder die Ehrenkrone von Pallas noch die Himmelskugel von Hercules zuerkannt werden. Das Ganze ist damit aus der historischen Besonderheit in die moralische Allgemeinheit übergegangen, wodurch ein sinniger Zug der Dichtung verloren geht, der allerdings dem Schweizer Publikum gegenüber getilgt werden musste. Besondere Feinheit und Gewandtheit, wie sie an Funckelin in der Einleitung bei Tittmann (p. 168) gerühmt wird, liegt in diesen Aenderungen des Dichters nicht; doch erfreut die frische und Behandlung, bei der auch der derbe Ton des Fastnachtspiels zu seinem Rechte kommt.

Das eigentliche Verdienst der Erfindung und Ausgestaltung des Stoffes gebührt aber dem Wiener Abt, der nicht umsonst einst als Benedictiner in Nürnberg, der Hauptpflegestätte des Fastnachtspiels, lebte. Nicht mit Unrecht nennt Tittmann den Schöpfer des Stückes einen feinen und gewandten Kopf. In würdiger und doch heitrer Weise erscheinen Scherz und Ernst bei ihm verbunden, und neben Reuchlins Henno ist seine Komödie weit aus das beste unter den lateinischen Lustspielen, die nicht zum Ausdruck persönlicher Satire dienten. Sowohl dramatisch als z. T. auch ethisch steht es zum Beispiel hoch über den Locherschen Stücken. Es ist wahr, die Allegorie ist wohlfeil; aber das bunte und tolle Treiben, mit dem sie Chelidonius im Einzelnen umgiebt, lässt uns diese Trivialität vergessen, unbeschadet des sittlichen Gehaltes des Ganzen. Das Stück dürfte es weit sein gleich den Reuchlinschen Dramen einen neuen Herausgeber zu finden, jedenfalls hat es die Vergessenheit nicht verdient, in die es geraten ist. Dass Chelidonius selbst eine fremde Quelle benutzt habe, wäre eine willkürliche Annahme, da jede Spur einer solchen fehlt. Selbstverständlich ist damit nicht ausgeschlossen, dass ihm bei Abfassung seines Dramas dieses oder jenes Vorbild vorschwebte. Die Gegenüberstellung der Pallas und Venus ist so alt wie der homerische Götterhimmel und die troische Parissage. Im λόγος ἄδικος vnd δίκαιος des Aristophanes, wie im „Hercules am Scheidewege“ des Prodikus bei Xenophon stehen sich Virtus und Voluptas gegenüber. Von letzterem findet sich unter anderm eine Nachbildung bei Silius Italicus (15, 10), der den Scipio in dieselbe Situation wie den Heros brachte. In die mittelalterliche Dichtung drang der Streit der Göttinnen in Gestalt der Sage vom Urteil des Paris, so in die Troiaepen Konrads von Würzburg und Andrer. Auch sonst wurde im Mittelalter der Streit der Principien der Ehre und Unehre, der Tugend und des Lasters oft behandelt. In dem ersten Büchlein Hartmans von Aue ist der Streit zwischen Herz und Leib dargestellt, nur ist hier das Ziel die harmonische Vereinigung beider (G. G. I, 89). Zu erwähnen wären noch: „Der geistliche Streit“ (7 Todsünden gegen 7 Tugenden) (G. G. I, 205,5.) — Schlacht der Laster und Tugenden bei Seifrit Helbling (G. G. 264, 2) — (Die alte und die neue Minne (G. G. I. 267 m) — Minne und Ehre (G. G. I, 367, 3.[1]) — Der Ehren Gericht zwischen der Gerechtigkeit und der Mynn (I, 268,3). — Der frau Venus und

---

[1] cf. auch Lassb. Lieders. 3, 239.

der frau Stäte Brief von der alten und neuen minne (I. 268. 5[1])
Gespräch zwischen stäte. treue und unstäte (I, 268, 6). Die
vierbitz vnd stet (I, 268, 6) — Gerechtigkeit gegen Minne
bei Suchenwirt (I, 272) — Der Frau Ehre Gericht über die
Minne (I, 273, 13) — Von staeter und unstaeter Minne
(I, 273, 21) — Von einer staeten vnd von einer fürwitzen
(I, 296, 30) — Von der Sünden Widerstreit[2]) etc. Auch die
„Morin" von Herman von Sachsenheim gab zum Mindesten
einen Process, bei dem die Venus stark beteiligt war. Selbst
die Idee, einen Kaiser zum Richter in einem Process zu
machen, ist nicht neu. Chelidonius knüpfte damit an das alte
Fastnachtsspiel an, in dem wiederholentlich der türkische
Kaiser oder Kaiser Constantin in dieser Eigenschaft auftreten.
Auch erinnere ich an „der meyde kranz" des Heinrich von
Mügeln (Goed. Gr. I, 270, 1) wo Theologie. Philosophie,
Musik etc. vor Kaiser Karl IV. treten, damit er entscheide,
welche die erste unter ihnen sei. Wie das deutsche Mittelalter stellte auch die Renaissancezeit den Streit zwischen
Sinnlichem und Geistigem mit Vorliebe dar. Man denke an
Boccaccios Ameto. Virtus und Luxuria, Pallas und Venus
treten überaus häufig auf, und in Dialogen, wie Abhandlungen
wird das Problem bearbeitet[3]) In Deutschland behandelte
von den Humanisten zuerst Bebel in seinem Triumphus Veneris den Streit zwischen Tugend und Venus, aber wie die
Virtus dea, in dem Pseudo-Lucianischen Dialog Virtus dea
mit ihren Mannen vor dem Schwarm der Fortuna zerstiebt, so
kann auch bei Bebel die Tugend nicht gegen die Venus mit
ihrem starken Heer aufkommen (cf. G. G. I, 440, 15).

Besonders aber muss hier eine kleine dramatische
Dichtung in Prosa (1510) von dem Augsburger Jo. Pinicianus
interessieren, die sich weder bei Goedeke noch sonst erwähnt
findet und von der ein Exemplar der Münchener K. Hof- u.
Staatsbibliothek vor mir liegt. Voran gehen einige Gedichte
an den Autor, die von Verläumdern sprechen.

„Qui tuum falso maculant amore
Nomen"

sowie ein Widmungsgedicht an Peutinger. Dann folgt ein
kurzes Argumentum Praesentis dyalogi, sowie ein Prologus, der
dasselbe, mit moralischen Betrachtungen verbrämt, wiederholt
und sich zuletzt an Kaiser Maximilian wendet, der um geneigtes
Gehör gebeten wird. Das kleine Drama ist eine Nachahmung
des Prodikusschen Herkules und zerfällt in drei Scenen oder
Akte. In der ersten tritt zunächst ein Eremit auf und

---

[1]) cf. auch Keller Fnsp. 3, 1107 ff.
[2]) Gervinus II, 302; cf. p. 87, 585 f.
[3]) Geiger, Renaissance und Humanismus p. 132, 149.

monologosiert in Worten, die mit dem Thema nichts zu thun
haben, über einen calumniator und carnifex, dessen Nach-
stellungen er mit Mühe und Not entgangen – offenbar macht
der Autor damit seinem Unmut gegen seine Feinde Luft.
Plötzlich wird er durch das Auftreten eines Jünglings „forma
certe divina" unterbrochen, der sich als der Sohn Philipps
und der Enkel Maximilians Carolus zu erkennen giebt. Ein
Hirsch hat ihn in die Einöde verlockt und ist eben vor ihm
verschwunden. Während der Eremit seiner Andacht nach-
geht, stösst Carolus unter dem Schatten einer Eiche stehend
ins Horn: pif, pif, pif. Ein anderes Horn antwortet, es ist
das der Voluptas, die nun in der 2. Scene auftritt, um die
edle Beute Carolus zu fangen, ehe sie ihr die Virtus, die ihr
auf dem Fusse folgt, wegschnappt. Carl hält sie anfangs für
Diana oder eine Nymphe, worauf sie sich ihm als „Voluptas
orbis regina" zu erkennen giebt. Sie erzählt ihm nun von
ihren suaviis praeceptis, von ihren ancillis und verspricht ihn
in paradiesische Blumengefilde zu geleiten, wo es an Salben,
Wohlgerüchen, Myrthen, Knaben, Mädchen, Tänzen und Ge-
lagen, goldenen Betten u. s. w. nicht fehlt. Da erscheint, in
der 3. Scene, Virtus, eben als Carolus der Voluptas folgen
will und warnt ihn. Auch sie beschreibt ihm nun ihr Wirken
und Wesen, wie man in ihrem Dienst erst viel leiden, dann
aber auf dem Gipfel von ihren Schwestern Justicia etc. ge-
krönt wird, während es bei der Voluptas und ihren Schwestern
iniusticia etc. umgekehrt ist; denn
„edone adelphe estin elipte."
Ihre Nachfolger sind wie die Bienen, die nicht beachten, wie
die Blumen sich Abends schliessen. Dafür werden nun von der
Virtus aus der Geschichte Beispiele angeführt, einerseits
Nero potius Mero, Tiberius richtiger Biberius u. A., andrerseits Scipio u. s. w. sowie von Neueren Leopold, Henricus,
Rudolph, Ottones u. s. w. bis auf Maximilianus, der von
Kind auf ihren Spuren gefolgt sei und in Krieg und Mühen
nie verzweifelt, nie stolz gewesen sei. Hunc imitare, schliesst
sie, et eris immortalis et beatus. ab omnibus diligeris, und
Carl ist gewonnen; er giebt der Voluptas den Laufpass; „ego
hanc sequar et quoad vivam eam nunquam relinquam." Jeder
Scene ist eine auf ihren Inhalt bezüglicher Holzschnitt vorange-
stellt.

Man sieht aus dieser Inhaltsangabe, dass Chelidonius nicht
der erste war, der den jungen Thronfolger mit Tugend und Laster
in Verbindung brachte, und der Gedanke liegt nahe, dass
Chelidonius den Dialog des Pinicianus kannte. Von dem
Kampf um die Seele Carls war kein weiter Weg mehr zu
der Idee, Carl einmal als Richter im Streit der Voluptas

und Virtus einzuführen. Mit der Erinnrung an den Prodikusschen Herkules war die Anregung gegeben, auch diesen
Helden kämpfend auftreten zu lassen. und dass der Teufel
sich zwanglos zur Venus gesellen konnte, dafür sorgte die
mittelalterliche Auffassung von der „Venusinne, der schönen
Teuffelinne". Das Treiben der Teufel selbst war besonders
drastisch in dem alten Spiel von Frau Jutten und zum Teil
in den Spielen vom Jüngsten Gericht abgeschildert. Zu
sonstigen Zügen steuerte dem Chelidonius seine klassische
Gelehrsamkeit einen reichen Schatz bei. Dass ihm Aristophanes nicht unbekannt war, geht zwar aus dem Stück selbst
nicht hervor. ist aber für ein Glied des Pirkheimerschen
Gelehrtenkreises ohne weiteres anzunehmen Jedenfalls fehlte
es ihm nicht ganz an Aristophanischem Geiste.

# Excurse.

## Anmerkung I.

Um einen ungefähren Begriff von der Allegorisierungslust zu geben, der H. S. dem Zuge der Zeit folgend nachhing, stelle ich ein Verzeichniss seiner Personificationen und Belebungen von Abstractis, Tugenden, Lastern, Zuständen, Einrichtungen, geistigen Mächten, physischen Kräften und sinnlichen Dingen zusammen. Der sächlichen Concretisirungen von geistigen Dingen, wie des Herzens durch die Malmül, der Zanksucht einer Xantippe durch die Kifferbsen, des tugendlichen Herzens durch einen Ambos, der Lügenhaftigkeit durch den Lügenberg, des Glücks durch ein Rad, der Virginitas durch ein Königreich, der Benevolentia und Paciencia durch ein Kraut, des Lebens durch den Wein, oder das Jahr etc. (cf. Pannier H. S. I p. 137. Fol.V. 377., K. VII, 424, V, 325, IV, 157, III, 285, III, 252, VII, 363. IV, 60) sei nur kurz gedacht, und ebenso all jener Figuren, Allegorien und Vergleichungen, an denen besonders die Jahre 1558 und 1562 reich sind und in denen biblische Geschichten, sagenhafte oder geschichtliche Vorgänge, naturhistorische Erscheinungen, Tiere, Pflanzen etc. auf geistliche und geistige Dinge oder — wie in der wittenbergischen Nachtigall VI, 368 — auf bestimmte historische Persönlichkeiten gedeutet werden. Meistens sind die allegorischen Wesen bei H. S. Frauen, seltener Männer, öfter werden die Laster etc. als Tiere dargestellt. Dass zu der Mehrzahl dieser Personifikationen sich Parallelen bei Dichtern des Altertums oder des Mittelalters, besonders des ausgehenden Mittelalters, finden, ist bei der reichlichen Ausbildung dieses Literaturzweiges in jener Zeit begreiflich. (cf. Gervinus II, 421 ff, Goedekes Grundriss passim.)

Allegorien im Grossen Stile sind die Tabula Cebetis (III, 75), sowie der Triumphwagen Veneris (Fol. V, 337). Andre Häufungen von allegorischen Personen finden sich I, 460. III. 97. 98, 383. IV, 190, 303. VI, 22. VII, 427; dieselben sind in der folgenden Aufzählung nicht alle besonders verzeichnet.

## I. Tugenden:

Tugent. Virtus (Pallas) III, 3, 93, 190, 383, 389, IV.
425. VI, 168, VII. 129 (cf. 367.) G. F. 44, 61 (edles
Wild). — Frömbkeit, Probitas III, 171, VII, 253. — Ehr.
III, 158, 275, 285. 387, 390, 418 Fol. IV. 2, 1. — Keusch-
heit mit 12 junkfrawen III. 285. — Zucht III, 293. —
Messigkeit II. 383, III. 271. — Mediocritas III, 256. —
Weissheit.II. 383. III, 168, 238. VII. 251, 255. — Ratio
III, 320, IX. 542. III, 457. (Vernunfft) — Intellectio III.
256. — Fürsichtigkeit III. 271. — Gerechtigkeit II, 383.
VII, 248, 255, 274. (Justicia) III. 271, 168, XI. 443. —
Wahrheit, Veritas. III. 165, 313; G. F. 24, 19 cf. Fol.
I, 453. Goed. H. S., I. 103. — Redligkeit III, 168. —
Trew III. 307. Goed. H. S. I, 267. — Glaub VI, 168. —
Hoffnung VII, 285. — Geduld. Patiencia III, 132. — Sennft-
mütigkeit III. 142. — Demut VII, 149. — Unschuld VII.
253. — Brüderliche lieb. Charitas, Barmherzigkeit, Miltig-
keit (III, 241, III. 303, XI, 442.) — Amicitia III, 297. —
Unitas. Aynigkeyt III, 250. — Sterck II, 383, III. 269
(Grossmütigkeit. Fortitudo) 277 (Starckmütigkeyt). — Arbeit
III, 168, 480. Fol. IV, 3, 75 (Sorg) Goed. H. S. I, 217. —

## II. Laster.

· Untugend (Venus) III, 3, 164, 383, 389. 455 (Begier.
Tier.) — Schalkheit (Nequicia) III, 171. — Wollust. Voluptas VII, 21, III, 158, IV. 165. — Schand mit 12 junk-
frauen III, 287. — Welt III. 275, 579. Fol. IV, 2. 5; 3.
57. — Fürwitz G. F. 8. — Trunckenheit VII, 18. —
Stulticia. Torheit VII, 17. — Unwissenheit VII, 18. III.
168 (Falscher won.) — Vergessenheit VII, 20. — Künmütig-
keit (Victoria) III, 132. Gwalt 168. — Sorg IV, 134, VII.
253. (Fol. IV, 3, 75.) — Schmeichlerey, Fuchsschwentzerei
VII, 21. 249, III, 168 (heuchlerey.) —. Calumniatrix Nach-
red III, 342. — Arglist VII, 249. — Betrug III. 77.
Untrew. 168. — Lüge VII, 249. — Arkwon IV, 318. VII.
253. — Forcht VII, 253. — Wankelmütigkeit IV, 147. —
Zorn III. 142, 462. — Hoffart III. 149, 463. Pracht III.
168. — Selbswolgefallen VII, 19. — Geitz III. 462. Ava-
ricia III, 320. — Aygennutz (Tier) III, 304. — Res propria
(Tier) III, 321. — Usura III, 323. — Neyd III, 333, 339.
461. — Zank. hederlein V, 314: Diskordia VII, 47: Haintz
widerporst V, 321; cf. Goed. Gr. 413. 60? — Faulkeit.
Müssiggang III, 486. Fol. IV, 3, 75; V, 289 (der faul
Lentz) V, 318, (Hans Unfleiss) Goed. H. S. I, 217. — Bös
gesellschaft III. 445. — Gewonheit IV, 170. —

Hierzu treten noch auf der einen Seite der Ekhardt
III, 306 G. F. 2; 8: 68, Frau Fasten VII, 37, und Res
publica III. 321, VII. 275, auf der andern Seite die Fass-
nacht VII, 36, V,295 (Tier), frau Abentewer III, 480, der
gute Montag (Tier). Goed. H. S. I, 279, II, 178, ausserdem
der Narrenfresser und sein dürrer Begleiter V. 300. diese
grotesken Allegorisierungen zur Abbildung menschlicher
Narrheit und Schwäche, sowie Fama IV, 161, VII. 433.

### III. Zustände.

Glück, Fortuna I. 439, III, 190. 205 VIII, 46, 301.
340, 484, 599, 682. XI, 118, 222, XII, 30, 226, 435, XIII.
499, G. F. 40, 178: 42, 1; 43. 32; 68 u. ö. — Unglück.
Unfal cf. Anm. 26; Traurigkeit, IV, 128 Goed. H. S. I. 154.—
Jugent IV, 33, VII, 18 — Alter IV, 33, VII, 211 — Ge-
sundheit IV. 428. — Krankheit IV. 407 Zipperlein IV. 408
V, 71; Krankheiten IV, 408. Goed. H. S. II, 149. — Leben
I, 442. — Tod I. 426, 437, 440. 442, 460 VII. 12. 428, 433.
VI, 166. Goed. H. S. I, 194 G. F. 70. K. XI. 408. —
Sommer und Winter IV, 255, 263 — Fried. III, 325, 461
Krieg III, 465 (Tier), VII, 415 — Baldanderst V,310. —
Der ungewiss fürschlag von fleisch und blut IV, 154, woran
sich die weiter unten zu erwähnenden, oft wiederkehrenden
Allegorien Armut und Reichtum (Plutus) schliessen.

### IV. Wissenschaften und Kunst.

Theologia I, 388. 401, I, 345 (Evangelium) — Philo-
sophia III, 96. 97. IV, 142. VII. 383 — Musen IV, 124,
III, 387, 393, 432. VII. 202. —

### V. Sinnliche Gegenstände.

Gelt IV, 230, Pfennig Fol. V, 388 — Elemente III, 165
Goed. H. S. I. 103 — Wasser und Wein IV, 247 — Bier
(Jamprinius) V, 167. —
Auf der Grenze zur Fabel stehen die wie ein Mensch
redende Rosshaut V. 146 und der sprechende Gülden IV, 216.
Schliesslich sei noch der personificierte Geist des Dichters
erwähnt, der als Genius (cf. Böcking Hutten IV, 427), Gott
der Natur. Engel gern den Führer und Cicerone macht; cf.
I. 338 III, 457, 470 IV, 176. 403. VI, 21, VII, 432, Arnold
H. S. I, 298.

### Anmerkung II.

Edmund Goetze sowenig als Goedeke (Gr. II, 425,
61) giebt die Quelle dieses 1531 oder bald darauf
verfassten Fastnachtspiels an. Dieselbe ist zweifellos Philippus Beroaldus' Declamatio contra scortatorem et de ebrioso

Aleatorem s. l. et a. — Declamatio lepidissima, ebriosi, scorta-
toris, aleatoris de vitiositate Disceptantium Bononiae 1499.
Eine weitere Ausgabe veranstaltete Wimpheling 1507 unter
dem Titel: „Declamatio Philippi beroaldi de tribus fratribus
ebrioso, scortatore et lusore" gedruckt bei Joh. Prüss in
Strassburg. Vorher aber übersetzte er selbst das Gespräch
ins Deutsche, wie aus der Dedikation desselben an Friedrich
von Talburg (nach Cod. Pal. Germ. nr. 469 fol. 98 in Heidelb. bei Hartfelder, deutsche Uebersetzungen classischer
Schriftsteller 1884 Heidelb. Progr. 552 p. 33 abgedruckt)
zu ersehen ist. Die Uebersetzung selbst ist weder hand-
schriftlich noch gedruckt erhalten. Dagegen erschien 1531
in Nürnberg bei Fr. Peypus „Ein künstlich höflich Decla-
mation vnd hefftiger wortkampff, zanck vnd hader dreyer
brüder vor gericht, nämlich eins Säuffers, Hurers und
Spielers... Von Philippo Beroaldo in Latein gestellt, verteutscht von Sebastian Franck, dessen Weltbuche, gedruckt
1534, H. S. die Erzählung über Christoph Columbus (IV,
241) und von der Insel des Weingottes Bachi (IV,144, auch
als Meistergesang behandelt, cf. Goedeke, H. S. I,81; II.196)
entnahm. Dieser Uebersetzung des Beroaldischen Dialogs
durch Franck folgte jedenfalls H. S.

———

### Anmerkung III.

Die Quelle zu dieser Ko...ödie habe ich leider
nicht entdecken können. Dass die Ausführung des
Gedankens bei H. S. nicht original, sondern einen Gelehr-
tengehirn entsprungen ist, dürfte bei der Anhäufung anti-
quarischen Wissens darin mehr als wahrscheinlich sein.
Dies Wissen ist selbst für H. Ssche Verhältnisse etwas zu
gross. Dass übrigens Wortwechsel zwischen Göttervater und
Göttermutter von Homer her datieren, ist bekannt. Das
späte Altertum zog sie ins Komische, so Lucian im 5. und
18. Dialogus Deor. Coel. Die Berufung des Tiresias zum
Schiedsrichteramt hat auch ihr antikes Vorbild. Jupiter und
Juno stritten sich einst darum, ob das Weib oder der Mann
das meiste Vergnügen beim geschlechtigen Genusse empfinde.
Jupiter behauptete: das Weib, Juno: der Mann. Da nun
Tiresias nach der Sage, (cf. Luc. Dial. Mort. XXVIII) eine
Zeitlang Weib gewesen war und daher am eignen Leibe
beide Arten des Vergnügens erprobt hatte, so wurde er zum
Richter ernannt. Er entschied zu Gunsten Jupiters, und
Juno machte ihn dafür blind. Das Thema, über das die
Beiden in dem H. Sschen Stücke verhandeln, ist in der
Deutschen Litteratur öfter bearbeitet. Männer, die über die

Frauen klagen und Frauen, die über das männliche Geschlecht und seine Fehler sich beschweren (cf. Goed. Gr. I, 295, 10, 10 a, 13 u. ö.) treten in der mittelalterlichen Dichtung sehr häufig auf. Gegenüber gestellt sind beide zum Beispiel in einem sproch ob manne truwe beszer sy oder frawen truwe. (Goed. Gr. I. 268, 1). Im Jahre 1479 führten die Zirkelbrüder in Lübeck ein Spiel auf: „wahr von einem Kayser, der hielte ein Gerichte, ob die Frauen würdiger wehren Gold zu tragen oder die Ritter." (Goed. Gr. 478, 47). Mit besonderem Aufwand von Gelehrsamkeit wird in A. Eybe's Grisardis über den Gegenstand gehandelt (Z. f. d. A. 1885 p. 433. v. Phil. Strauch). Cf. auch Wyles 16. Translation „Lob der Frauen."

### Anmerkung IV.

Ueber den Dreireim bei H. S. hat gehandelt Rachel, Dreireim und Reimbrechung etc. bei H. S. Freiberg 1870; doch bespricht er nur den Dreireim im Drama und giebt nur wenig Nachweise. Wenig mehr bietet Sommer (Metrik des H. S. p. 78 ff.), der auf Rachel fusst. In der Epik des Mittelalters findet sich der Dreireim nicht nur während des 13. Jahrhunderts hie und da eingestreut, wie Sommer meint, sondern der 3fache Schlussreim taucht schon im 12. Jahrhundert in dem erzählenden Gedichte Bonus (Goed. Gr. I. 42, 4) und im Pfaffenleben auf, erscheint dann in Türlins Krone, Wirnts Wigalois u. s. w. (cf. Goedeke a. a. O.) zur Markierung des Schlusses eines Abschnitts. Den Dreireim zu Anfang von Abschnitten bietet Brant im Narrenschiff. Er hat auch den Vierreim zu Anfang, wie ihn z. B. auch Gottfried im Tristan anwendet, während der Vierreim am Schluss beispielsweise in Langensteins Martina und Seifried Helblings Gedichten auftritt. An Brant schliesst sich wohl auch H. S. in den gereimten Mottos und Ueberschriften an, die er gern seinen Spruchgedichten, besonders den Fabeln voranstellt (cf. K. I, 418, III, 282, 372, 383, 406, 455, 470, 593 IV, 85. 267 V. 80 ff. 92, 163, 166, 225 247, 276, 311, 314 VI, 368. Fol. IV, 2, 51; Fol. V. 401, 405, 407. Arnold XXXIX, 6 LVII, 7, LXXVII, 22), wozu nach Gengenbachs Vorbild tritt (cf. Goedeke, Pamph. Gengenbach, Welscher Fluss, Fünf Juden (p. 39). Nolhard (77), Practica (167) Laienspiegel 186). Unter diesen Mottos und Ueberschriften sind auch bei H. S. ausser 2reimigen, 4reimigen (schon im Kamff-gesprech von der lieb, May 1515 III, 406), doppelt 2reimigen und fünfreimigen (schon 1518 in der Klag der vertriben fraw keuscheyt III, 282) auch viele 3reimige. Gengenbach gebraucht auch gelegentlich den

Dreireim inmitten eines Gedichts (cf. Nollhart Vers 335 ff.
450 ff, Bileamsesel V. 80 ff, 109 ff sowie die „Gouchmat."
Zuweilen, wenn die abschliessende Rede einer Person sich
gerade nicht mehr in 2 Versen unterbringen lasst, setzt er
ihn am Schluss einer Scene (Bileamesel V. 815 ff. 868 ff.)
Ganz vereinzelt am Schluss des Ganzen (im Bundschuh,
Goed., a. a. O. p. 31.) Die 2 ältesten Beispiele von Dreireim
am Schluss bei H. S. finden sich im Evangelium vom Geitz
1528, (I. 290) und in der „zweierlei Predigt" 1529 (I, 398).
Im Anfang der 30er Jahre, besonders im Jahre 1533, zweimal im Jahre 1540, zweimal 1556 und in einigen wenigen
Gedichten, deren Datierung fehlt, kehrt er sodann wieder,
(cf. I, 434, 1530, 4 May dreimal; I, 357, 1531, 7 mal am
Schluss der Abschnitte; I, 295, 1533; V. 259, 1533, 5 mal.
hinter jedem Abschnitt und am Schluss; V, 266, 1533, 4mal.
hinter jedem Abschnitt; V, 325, 1533, 12mal, hinter
jedem Abschnitt und am Schluss; III, 529, 1540, fru-du-
darzu; V, 254, V, 258, 1557; I, 296, 3mal, ?; V. 83, 85,
317?) Durchaus im 3reim abgefasst sind die 72 Namen
Christi I, 326 1540, wofür wohl Gengenbach im Combisst,
Bileamsesel und in Welschen Fluss das Vorbild abgab.
Im Drama des H. S. erscheint der Dreireim, wie erwähnt
zuerst statt sapphischer Strophen im der Pallas und Venus
vom 3. Febr. 1530 am Schluss des 1. und 2. Akts. Im
Henno findet er sich zwar nur im Prolog, doch scheint gerade die Reuchlinsche Vorlage der Anlass geworden zu sein,
dass H. S. wenige Tage nach Abfassung des Henno im
Pluto (vom 13. Jan. 1531) den Dreireim im Prolog und an
den Aktschlüssen, wo bei Aristophanes der Chor den Ab-
schluss herstellte, consequent anwandte. Denn gerade im
Henno — der in diesem Punkte ohne Zweifel an die lateinischen Gesänge der alten geistlichen Spiele anknüpfte (cf.
Wackernagel, Leseb. 1171, 23, 34; 1176, 15) — schliesst
z. B. der 1. Akt mit dem vom Chor gesungenen Dreireim:

> Qui pauper est, nihil timet, nihil potest perdere
> Sed spe bona laetus sedet, nam sperat acquirere
> Discitque virtute deum colere

und der 3. Akt mit den Versen:

> Infensus et contrarius
> Thersita sive Zoilus,
> Nil esset illis clarius

und auch der 2. und 4. Akt haben den Dreireim gegen den
Schluss hin. Seitdem bildet bei H. S. der Dreireim am
am Schluss des Prologs und der Aufzüge in mehraktigen
Dramen die Regel. Doch finden sich mancherlei Be-
schränkungen und Erweiterungen dieser Regel. Von den

Einaktern sind, ausser der Tragödie Lucretia (1527) und abgesehen von den unter die Fastnachtspiele (G. F. 1—85) aufgenommennen „Spielen" und „Comedien", noch ohne Dreireim die Tragedia Virginia (2. Dec. 1530), die „tragedi der Caron" (28. Jan. 1531). Dagegen findet sich der Dreireim in den späteren Einaktern, der „Comedia oder Kampfgesprech" zwischen Juppiter und Juno (1534. 30. April), der Tragödie von Johannis Enthauptung (XI, 198. 1550), der Comedia Mephiboset (X, Nr. 13. 1557), dem Spiel von den 12 durchläuchtigen getreuen Frauen des alten Testaments (1559), der Tragedia von den 12 argen Königin (Fol. IV, 2, 1, 1562), jedoch nur im Prolog des Ehrnholdts. Hierzu treten die Fastnachtspiele: 39 (Verschwetzt Bulschaft), 73, der Knab Lucius Papirius Cursor (1556, mit Herold) und 76 „der dewffel nam ain alt weib" (1557), nur dass ausser dem 3reim im Prolog in 73 und 76 ausnahmsweise ganz am Schluss der Dreireim: Ungemachs-wachs-Sachs (73, 398 ff nicht 399, womit ein Irrtum Goetzes F. VI. Bändchen p. XII berichtigt ist) und „pachs-ungemachs-Sachs" angewandt wird, eine Eigentümlichkeit, die auch in der Jael (X. 146, 1557, „machs-wachs-Sachs") und in der Zerstörung Jerusalems (XI, 342, 1555) auftrtt. Wiederholten Dreireim bietet der Beschluss zu Abraham und Lot (K. X. 56, 57), indem jede einzelne Lehre oder Moral, die der Dichter aus dem Stücke zieht, in einen solchen ausläuft. Eine ganz vereinzelte Stellung unter den Einaktern nimmt die Stulticia mit irem hofgesind (1. Febr. 1552, K. VII, Nr. 2) ein. Hier begegnet der Dreireim nicht nur am Schluss des Prologs, sondern auch die Reden der 5 Hofjungfrauen der Stulticia enden damit. Ausserdem schliesst im Folgenden jede Rede der Königin Thorheit mit einem Dreireim, z. B. die an das Kind:

„Mein Kind nimb hin das hofkleid mein,
Am hof musst du mein schiltknab sein.
Geh lieber Jeckle, such noch ein!"

Der liebe Jeckle läuft dann jedesmal davon, bringt einen neuen Narren und führt denselben mit einem Dreireim ein. Unter den Dreiaktern ähnelt ganz der Comedia von Pallas und Venus die Comedia vom Waldbruder und dem Engel; der Dreireim fehlt im Prolog und im 3. Akt, aber steht im 1. und 2. Akt. Unter den übrigen Dramen nehmen eine Sonderstellung ein die Tragedi des fürsten Concreti (II.45) mit der H. S. am 18. Nov. 1545 seine dramatische Thätigkeit nach 12jähriger Unterbrechung wieder aufnahm. Hier findet sich im 1. und im 3. Akt doppelter Dreireim, so zwar, dass das eine Mal zwischen den beiden Dreireimen der Abgang der Personen bis auf den Fürsten erfolgt; dagegen fehlt der

Dreireim im 5. Akt. Das letztere ist auch im 2. Akt der Menaechmen (cf. 2. Teil), wohl aus Versehen, der Fall. Nicht am Schluss des Akts, sondern gegen den Schluss hin steht der Dreireim in der Tragedi Romulus und Remus (20. Sept. 1560. Fol. V, 251) im 2. und 3. Akt, wo alle Personen bis auf die Redenden abtreten. Ein bewusster und beabsichtigter Dreireim innerhalb des Akts ist wohl der im Dagobert (K. XII. 91.5), mit untergeschlüpft ist er jedenfalls nur im Kampfgespräch zwischen Jupiter und Juno (IV. 29 2 ff.) im Fortunatus (XII, 206, 16) und in dem Fastnachtspiel 22. 71—73 (der fahrende Schüler im Paradies), wo nach dem ersten Vers ein neuer Auftritt folgt. Einen Dreireim weisen endlich auch die Prologe des Ehrenbolds am Schluss auf, mit denen die einzelnen Akte der Passio (XI. 260 1558. 10 Akte) und des jüngsten Gerichts (XI,400 1558 7 Akte eingeleitet werden.

## Anmerkung V.

Die hauptsächlichsten sind:

1) Von zweierlei Lieb (20. Merz 1526)

2) Der buchstab Pitagore V, beiderlei strass, der tugent und untugent (24. Juli 1534). (Virgilius der best poet etc.)

3) Ein kampfgespräch zwischen frau Tugend und frau Glück (31. Juli 1537,) nach Pseudolucian (Carolus Aretinus).

4) Ein spil, heisst der Fürwitz (12. Juli 1538). (Fürwitz und Eckhardt).

5) Ein kampfgesprech zwischen frau Frümbkeit und frau Schalckheit (6. Mai 1540).

6) Der Buler Kerker (19. Juni 1545) (Venus und Minerva.)

7) Der drei Buler Unterscheid (5. Nov. 1545.)

8. Frau Venus zwenknus. sturm und gefenknus (18. December 1544) (Venus und Minerva.)

9. Gesprech frau Ehr mit einem Jüngling, die wollust betreffend (9. Mai 1548).

10. Ein kampfgesprech zwischen frau Wollust und frau Ehren (25. Sept. 1545).

11. Kampfgesprech Xenophontis, des philosophi, mit fraw Tugent und fraw Untugent, welche die ehrlicher sei. (6. August 1556).

12. Unterschied zwischen Tugent und Glück (15. März 1558).

13. Zwayerley belonung beyde der tugend und laster? womit natürlich das Thema „Tugend und Laster" bei H. S. längst nicht erschöpft ist. Die meisten der angeführten Gedichte stehen im 3. Bande der Kellerschen Ausgabe.

(Mit Genehmigung der h philosophischen Fakultät ausgewählt und abgedruckt aus der vorgelegten grösseren Abhandlung gleichen Titels.)

# Vita.

Natus sum Fridericus Guilelmus Thon die XXV.
mensis Aprilis anni 1859 Dobernitiis, qui vicus in provincia
Saxonia situs est, patre Carolo Adolpho illius loci parocho,
quem anno 1879 morte mihi ereptum esse valde lugeo, matre
Aemilia e gente Thon, quae jam anno 1862 nimis mature de
vita decessit. Fidei evangelicae addictus primis litterarum
elementis in schola urbana Delitiensi imbutus sum, deinde
vere anni 1873 in classem quartam scholae latinae Halensis
alumnus receptus. Ubi anni 1880 vere testimonium maturi-
tatis adeptus Halis in studia philologica incubui, vere anni
1881 Lipsiam me contuli, vere anni 1882 Halas remigravi.
Studiis academicis peractis vere anni 1884 ab universitate
litterarum discessi.

Per omnes hos quattuor annos me docuerunt viri
illustrissimi
Halenses: Keil, Hiller, Dittenberger, Heydemann,
Schmidt, Mueller, Kähler, Zacher, Gering, Haym, Erdmann,
Thiele, Gosche, Krohn.

Lipsienses: Curtius, Lipsius, Ribbeck, Lange, Zarncke,
Brugman, Windischmann, Zöllner.

Ut seminarii philologici Halensis exercitatonibus inter-
essem Keil, Hiller, Dittenberger benigne permiserunt. Qui-
bus omnibus praeceptoribus optime de me meritis maximas
ago gratias.

Aestate anni 1886 facultatem docendi assecutus Torgas
probandi causa in annum missus sum. Quo anno finito studiis
philologicis et paedagogicis deditus Berolini, Wölkau vico
Saxonio, aliis locis versatus sum. Nunc in urbe Bitterfeld
scholae urbanae magister ordinarius tirones linguam Latinam,
Francogallicam, vernaculam doceo.

·· ◄►· ··

# Berichtigungen:

S. 2 Z. 5: für „des" lies „der." — S. 3 Z. 4 v. u. streich das s hinter Gervinus'. — S. 5 Anm. 1: f. 315 l. 515. — S. 6 Z. 6 setze ein Komma vor „Bis"; Z. 7 l. tragoedus. — S. 7 Z. 24: f. 140 l. 339; Z. 30: f. 105 l. 205; Z. 1 v. u.: f. 55 l. Aventiure. — S. 9 Z. 5 l. Personificationen; Z. 10 v. u. str. das Komma vor „der"; Z. 8 l. enteckten. — S. 10 Z. 3: f. 217 l. 317; Z. 2 v. u.: f. 268 l. 263; Z. 1 v. u.: f. 55 l. 75. — S. 11 Anm. 1 l. Vulcano. — S. 12 Z. 18: f. päce l. pace; Z. 14 v. u.: f. 570 l. 579; Z. 10: f. 286 l. 387; Anm. 3 l. 142. — S. 13 Z. 19 l. „im"; Z. 26 l. γερόντιον; Z. 4 v. u. l. hinter „thail": ein gantze wochen", indes der andre„. — S. 14 Z. 26: f. 86 l. 85. — S. 15 Z. 6 str. ¹), Z. 24 l. ¹), Z. 25 l. ²); Anm. 2 l. Pischon; f. 460 l. 46a; f. 423 l. 424; Anm. 3 l. 302. — S. 17 Z. 9 v. u.: f. Schlehen l. Schlehen-: Z. 8 v. u. l. 58, 159. — S. 18 Z. 25: f. IV l. IX. — S. 19 Z. 14 l. Aristophanischer Αἰσχρολογία; Z. 7 v. u. l. hinter (1530); und die noch dazu nach einer antiken Quelle, Livius, gearbeitete historische Tragödie Virginia (1530). — S. 20 Z. 5 setze e. Komma vor „der" und l. „gedenkt" hinter „Stückes". — S. 21 V. 13 l.: messigklich: V. 17 gesellen-becher; Z. 2 v. u. l. p. XL. — S. 22 Z. 10: f. 173 l. 177. — S. 23 Z. 1 l. coenobii; Z. 17 l.: Pannoniae: Z. 18 l.: angeli diac. — S. 24 Z. 19 l. Reuchlin; Z. 22 l. larvis; V. 2 l. malique, V. 5 l. admovete. — S. 25 Z. 1 l. Chelidonius. — S. 27 Z. 3 v. u. l. „des" f. „der". — S. 28 Z. 10 v. u.: f. II l. III. — S. 29 Z. 17 v. u. l. verschland. — S. 30 Z. 1 l. Solcher, Z. 2 l. der. — S. 32 Z. 23 setze das n hinter dig; Z. 25 l. aliud nunc. — S. 33 Z. 5 v. u. setze die Anführungsstriche. — S. 36 Z. 18 l. thalamo. — S. 37 Z. 20 l. vivitur; Z. 25 u. Z. 28 z. Ende setze Kommata. — S. 38 Z. 19 v. u. l.: seiner „ler"; Z. 2 v. u. l.: leichte Behandlung. — S. 39 Z. 15 s. vor „gleich" ein Komma. — S. 40 Z. 3 v. u. l. gebeten.

— ·—·•·—·· —